Laura Karasek
Ja, die sind echt

Laura KARASEK

Ja, die sind echt

Geschichten über **Frauen und Männer**

eichborn

Dieser Titel ist auch als E-Book erschienen

Eichborn Verlag in der Bastei Lübbe AG

Originalausgabe

ⓢstern ® Lizenz der Marke STERN
durch Gruner + Jahr GmbH
– Alle Rechte vorbehalten –

Copyright © 2019 by Bastei Lübbe AG, Köln
Redaktionelle Mitarbeit: Anica Müller
Umschlaggestaltung: Massimo Peter-Bille
Unter Verwendung eines Motivs von © Paladin12/shutterstock
Satz: hanseatenSatz-bremen, Bremen
Gesetzt aus der Andrade Pro
Druck und Einband: Druckerei C. H. Beck, Nördlingen

Printed in Germany
ISBN 978-3-8479-0657-5

2 4 5 3 1

Sie finden uns im Internet unter www.eichborn.de
Bitte beachten Sie auch www.luebbe.de

Inhaltsverzeichnis

In High Heels unter Männern: Wie sexy ist noch seriös?

Die Welt da draußen meint es nicht nur gut mit dir. Und die Welt hat auch nicht – im Gegensatz dazu, was deine Eltern dir immer erzählt haben – auf dich gewartet.

Du kannst dich in eine Depression googeln. Dachtest du eben noch, du seist vielleicht etwas Besonderes, belehrt dich das Netz eines Besseren. Alles, was du denkst, wurde schon gedacht. Nur in besser. Oder auf Latein. Und sogar schon getwittert. Es gibt bereits 89.000 Hashtags zu deiner einzigartigen Idee. Dein Einfall ist ein Reinfall. Du kannst nichts erfinden.

Wo gehöre ich hin?

Ich arbeite in Frankfurt. Wirtschaftswelt, Deals, Share Purchase Agreements, Billable hours. Du hast schon eine Gerichtsverhandlung beim Landgericht gewonnen? Andere gewinnen zum zweiundvierzigsten Mal vorm Bundesgerichtshof! Du hast ein Buch geschrieben? Andere schreiben acht Bücher. Bücher, die verfilmt werden! Du sprichst drei Sprachen? Andere sprechen sieben! Und da ist immerhin was Exotisches dabei, Finnisch oder Arabisch oder verhandlungssicheres Chinesisch. Ich bin höchstens in Liebesbeziehungen verhandlungssicher (aber es ärgert mich schon, dass ich da überhaupt verhandeln muss).

Aber warum habe ich manchmal das Gefühl, nicht dazuzugehören? Und wohin gehöre ich? Ich fühle mich sogar unter Frauen häufig fehl am Platz. Alle benehmen sich so gut und essen so wenig. Aber in den Männerclub passe ich auch nicht. Ich mag keinen Whisky und kann mir schlecht Witze merken. Ich stehe gern vor Gericht und auch gern in der Zeitung oder im Fernsehen. Aber können die anderen nicht alle mehr als ich? Bin ich eine Mogelpackung und fliege irgendwann auf? Bald merkt jeder, dass ich nur von einer Welle aus Glück und Zufällen hier in die Welt der Erwachsenen und Mächtigen geschwappt wurde. Autoren sind Literaten. Intellektuelle. Und Wirtschaftsbosse sind seriös. Und was bin ich?

Danke für nix

Als ich anfing zu arbeiten, fühlte ich mich schon ertappt, wenn ich Begriffe, die beim Mittagessen mit den Kollegen fielen, hinterher auf Wikipedia nachlesen musste. Immer diese verdammte Wirtschaftssprache: Ist »Agio« jetzt ein Finanzbegriff, eine Verdi-Oper oder ein italienischer Badeort (habe es gerade beim Schreiben übrigens erneut gegoogelt)? Theo, wir fahr'n nach Agio! Wenigstens kenne ich das Bellagio (also das gute, schöne Agio) aus Las Vegas. Das Hotel mit der Fontäne. Da hab ich schon Geld verspielt – und wurde im Casino sogar nach meinem Ausweis gefragt! Danke, liebe Gene. Wobei die kurz darauf selbst den weißhaarigen Mann neben mir – hatte er einen Rollator? – am Roulettetisch kontrolliert haben. Nix danke, Gene! Nix danke, neue Gesichtscreme! »Die anderen kochen auch nur mit Wasser«, sagten die netten Kollegen damals. Aber bei mir kochte gar nichts. Meine Herdplatte war ein Krisenherd.

Und dann kommt der Chef immer genau dann rein, wenn du gerade auf Facebook deine Kollegen stalkst (»wo war noch mal der aus der Buchhaltung im Urlaub?«). Oder wenn du gerade online Fummel shoppst (und die Seite macht Musik, dazu räkeln sich Models auf dem Laufsteg oder Strumpfhosen blinken von deinem Bildschirm und er sieht, dass das nichts mit Jura zu tun hat. Nicht mal mit Recherche im weiteren Sinn). Kann einem Mann nicht passieren? Wirst du also deswegen irgendwann nicht befördert oder weil du eine Frau bist? Was hast du falsch gemacht?

Mit Schokomund im Meeting

Manchmal gab es Besprechungen, da saß ich allein mit zehn Männern (auch »Gegnern«) in einem Raum. Auf dem Tisch standen Kekse. Stundenlang rührte keiner einen Keks an. Ich wartete, bis der erste Chef einen Keks aß. Stets gibt er den Startschuss. Dann langte ich endlich zu. Zum Abschied schüttelte ich allen zehn Männern die Hand, sie wussten nicht, wie sie mich hierarchisch einordnen sollten. War ich Kollegin, Sekretärin, Praktikantin, Assistentin, Chefs Liebling? Als ich danach auf die Toilette ging, sah ich im Spiegel Schokoladenspuren um meine Mundwinkel und einen schwarzen Zahn von dem Browniehappen. Ich war eine schwierige und vor allem schmierige Frau. Das war wohl nix mit souverän. Kommt Zeit, kommt Pirat. Beim nächsten Mal.

Ich habe eine Freundin bei einer Unternehmensberatung, die mir von ihrem Chef erzählte. Als meine Freundin ihn fragte, wie er ihre Arbeitsleistung und ihre Karrierechancen einstufte, erwiderte dieser »Sie wissen ja: Ich gebe kein Feedback!« In was für einer Arbeitswelt leben wir? Feedbackfaulheit und Komplimenteknappheit ohne Anteilnahme, Fürsorge, Förderung. Kann man nicht leidenschaftlich im Beruf sein und gleichzeitig leidenschaftlich mit Menschen? Wir brauchen Mentoren, Idole, Vorbilder.

Selfie mit Erbse

Neulich habe ich ein Selfie gemacht, in meinem Büro. Na ja, eigentlich wollte ich nur schauen, ob ich vom Mittagessen noch ein Stück Erbse in den Zähnen habe, und da mein Büro keinen Spiegel hat, habe ich die Selfiefunktion meiner Handykamera genutzt, um nachzusehen, ob sich zwischen meinen Vorderzähnen ein grüner Punkt (nein, nicht der zum Recyceln) von der Erbse (nein, nicht der, deren Prinzessin ich als kleines Mädchen immer für meinen Vater war) befand. Ich wollte mir also den langen Weg zum WC sparen und hielt mir mein Smartphone vors Gesicht, als einer meiner Chefs gerade mit einer Gruppe von Praktikumsbewerbern an meinem Büro vorbeikam. »Darf ich vorstellen: ...«, hörte ich ihn bei seiner Führung noch sagen und auf mich zeigen. Vor Schreck machte ich ein Foto. Klick. Die Praktikanten grinsten, als stünden sie vor einem Paviankäfig. Selbstverliebt bei der Arbeit. So was würde einem Mann nicht passieren. Obwohl: Ich kenne einen Steuerberater, der regelmäßig Liegestützen und Sit-ups in seinem Büro macht und dabei Mails diktiert. Verbissenheit kennt keine Grenzen.

Heute darf man sich auch in seriösen Jobs anziehen wie eine Frau. Darf man? Müssen wir weiterhin in biederen Hosenanzügen herumlaufen und um alles, was nach Make-up oder Haarpflege aussieht, einen weiten Bogen machen? Jacke wie Hose. Aber eben nicht wie Rock. Musste ich mich entscheiden, was ich überhaupt sein wollte: Anwältin oder

Tussi? Karriere oder Kosmetik? Offenbar schließen Intelligenz und Lipgloss sich aus. BH statt BGH.

Zu sexy für den Chef

Ich musste schon früher als Praktikantin in einem großen Unternehmen mal zum Personalchef. Wegen meiner Outfits. Es hieß, sie seien »zu aufreizend« und ich mir »meiner Wirkung nicht bewusst«. Aber ich bin mir schon bewusst. Warum muss es so verkrampft sein: Kann man nicht gleichzeitig seriös und trotzdem ein bisschen sexy sein? Oder muss man geschlechtslos auftreten? Kann man weiblich sein – ohne unprofessionell zu wirken? Oder sind manche Männer nur deshalb so pingelig, weil sie sich selbst im Anzug so eingeengt und verkleidet fühlen, weil sie weniger Spielraum haben als wir? Warum spielt es eine Rolle, was ich anhabe? Und warum sagt das angeblich etwas über meine Fähigkeiten aus?

Können Machtspiele auch Schmachtspiele sein? Ich wollte immer unter Männern bestehen, mithalten. Eine Frau im Mannspelz, Titten sind die neuen Eier. Ich wollte nicht zu verletzlich sein, aber auch kein böser Wolf werden (ohne Rotkäppchen und ohne Rotkäppchen-Sekt-Allüren). Aber darf ich als Frau dabei sein, wenn die Chefs am Feierabend ins Stadion gehen und Golfturniere spielen – oder empfinden die Männer eine Frau als Spaßbremse? Ich trinke ja auch eigentlich lieber Aperol Spritz in einer warmen Bar. Ich hätte auch kein Trikot parat. Aber ihr solltet mich trotzdem fragen! Soll ich ein Herrengedeck und ein Eisbein bestellen beim Business Lunch? Käme jedenfalls cooler als der Salat mit Hähnchenbrust und wenig Dressing. Aber warum bestimmt *ihr*, wie *wir* zu sein haben? Nicht zu gierig, nicht zu laut, nicht zu durstig, nicht zu sinnlich.

Als wir mit anderen Jurastudenten mal ein Gefängnis besucht haben, hieß es »Zieht euch nicht zu sexy an, liebe Referendarinnen, da sind Knackis, die haben seit 13 Jahren keine Frau mehr gesehen.« Hab ich auch eingesehen. Andererseits: Muss *ich* mich anziehen, um es anderen recht zu machen.

Ich mag Frankfurt. Ich bin freiwillig hier. Die Stadt ist fleißig, offen, berufstätig, umtriebig. Buchmesse trifft EZB. Ich möchte hier nicht weg. Ich möchte nur ab und zu wenigstens ins Fußballstadion mitgehen und den ersten Schokoladenkeks essen.

Lasst mir meinen Lippenstift –
dann lasse ich euch euren Whisky

Frankfurt. Neulich stand ich im Aufzug. Ich befand mich in einem Hochhaus einer großen Bank. Morgens, halb zehn in Deutschland, kein Knoppers, dafür viel Haargel und wenig Worte. Keiner grüßt. Weder beim Einstieg noch beim Ausstieg. Kein Lebewohl. Kein Willkommen und Abschied. Die meisten Herren – in maßgeschneiderten Anzügen, Budapestern – halten sich für vornehm, pressen sich aber trotzdem vor mir und den anderen beiden weiblichen Mitfahrern aus dem Fahrstuhl, als gäbe es da draußen Freibier. Freigel. Hier werden nur Blackberries geerntet, aber keine Komplimente. »Selbst schuld!«, scheinen sie uns zuzurufen. Ist das Gleichberechtigung? Sind schlechte Manieren irgendwie cool? Und wenn ja: warum?

Ich möchte im Aufzug vorgelassen werden. Die Herren tun einen Schritt zur Seite und man spaziert vor ihnen hinaus. Nicht wichtig, aber irgendwie schön. Ich möchte, dass jemand den Knopf für mich drückt und fragt: »Wohin wollen Sie?« Ja und wohin wollte ich dann eigentlich, »wenn ich das wüsste«, hätte ich gern geantwortet. Oder er hätte – meine Pflicht erkennend – gefragt: »Wohin müssen Sie?« – »Man muss immer hoch. Aber ich will eigentlich gar nicht immer.« Lasst uns stehen bleiben, stecken bleiben. Und dann hätten wir uns angelächelt. Oder er hätte mich peinlich gefunden und trotzdem gelächelt. Wie auch immer: Man wäre irgendwie beschwingt ein- oder zumindest ausgestiegen. Hier nicht. Hier lächelt keiner. Aufzugfahren ist eine ernste Angelegenheit. Ebenso wie Bahn fahren, Bus fahren, Schlange stehen, ins Theater gehen. Ernst und wichtig. Sind wir Anwälte, Berater, Banker, Deutschen denn so ernst und wichtig? Stellt euch nicht so an. Es gibt doch nichts Charmanteres als Menschen – ob im Anzug oder im Aufzug –, die sich nicht so ernst nehmen. Dann doch lieber Treppenlaufen. Macht wenigstens einen knackigen Po. Ich arbeite im 35. Stock. Die Grußlosigkeit macht meinem Gemüt zu schaffen. Es könnte so einfach sein – ist es aber nicht.

Am Anfang gibt man alles, am Ende tut's weh

»Du musst dir ein dickeres Fell zulegen«, sagte ein Kollege kurz nachdem ich in einer Wirtschaftskanzlei angefangen hatte. Der erste Job. Fast wie die erste Liebe. Am Anfang gibt man alles, am Ende tut's weh. »In der Liebe gibt es immer einen Anfang und ein Ende. So ist das eben. – Aber was ist mit der Zeit dazwischen? – In der Zeit dazwischen trauert man dem Anfang nach und wartet auf das Ende.« Catherine Deneuve

Wollte ich denn dieses »dicke Fell« – oder reichte nicht auch eine Pelzweste? Wenn wir das Schlechte nicht mehr an uns heranlassen – was geschieht dann mit dem Guten? Bleibt das auch draußen? Vielleicht gibt es ja eine Zwischenlösung: ein Fell mit Filter. Und wenn endlich mehr Frauen in Führungspositionen sind: Braucht man dann die Fellweste überhaupt noch?

Na ja, die Männer fördern sich wenigstens gegenseitig – so jedenfalls mein Eindruck. Die prosten sich zu, klopfen sich auf die Schulter, gründen Whatsapp-Gruppen mit schmutzigen Sprüchen und E-Mail-Verteiler mit schlüpfrigen Bildchen (bis zum Durchsuchungsbefehl). Die Chefs suchen sich Nachwuchs, Fans, Schützlinge – junge Eiferer, die sie selbst jung und cool erscheinen lassen. Man duzt sich. Man spricht über »Weiber« und Macht. Oder man fachsimpelt über Technik, Autos, die besten Werkzeugkästen, die besten Lebensversicherungen, Rotweine, Golfplätze.

Männerclubs

Wer erfolgreich ist, will sich nicht ständig mit jüngeren Frauen umgeben. Und wir jungen Dinger haben mehr Angst vor den Managerinnen, weil unsere Weiblichkeit sie nicht beeindruckt, weil ihr Blick strenger und kritischer ist, weil ihnen der Beschützerinstinkt fehlt und weil unser Lächeln sie nicht erweicht. Fördern macht Arbeit. Warum sollten die wenigen Chefinnen den Jüngeren beibringen, was sie sich selbst so hart erarbeiten mussten? Denn jede hat es als eine von hundert Frauen ganz alleine ganz nach oben geschafft – und wir sollen uns ebenso anstrengen, leiden und kämpfen. Denn eigentlich gilt: Jugend sticht! Neidisch könnten sie sein, weil sie möglicherweise auf Kinder, auf Zeit mit der Familie, auf Männer oder auf Weiblichkeit verzichtet haben. Und misstrauisch könnten sie sein, weil junge Frauen anders ticken. Sie wollen alles: Karriere, Kinder, Kleidung, Küsse, keine Kohlenhydrate, Krafttraining. Früher wurde man dann als »Powerfrau« bezeichnet. Ich finde diesen Begriff bescheuert. Das klingt wie ein Molkeriegel. Nach dem Sport. Nach so einer spaßbefreiten Drilldompteurin. Sogar der Begriff »Karrierefrau« ist im Duden wie folgt definiert:

1. Frau, die dabei ist, Karriere zu machen, bzw. die eine wichtige berufliche Stellung errungen hat
2. (oft abwertend) Frau, die ohne Rücksicht auf ihr Privatleben, ihre Familie ihren Aufstieg erkämpft [hat]

Kann man nicht Karriere machen und trotzdem Rücksicht auf sein Privatleben nehmen? Und warum überhaupt »Rücksicht«, als sei das Privatleben ein Pflegefall, ein lästiges Haustier. Mein Privatleben braucht keine Rücksicht, im Gegenteil: Es braucht Cocktails und Freunde und dann Ibuprofen. Ist es heute nicht sogar so, dass wir im Privatleben weniger verspielen wollen und in der Karriere schon mal zocken? Ein Freund von mir ist für den Job nach Riad gezogen. Das würde ich vermutlich nicht tun. Ist das ein Problem? Bin ich als Frau weniger flexibel, zu gebunden, zu vernetzt in meiner Heimat, zu verwurzelt? Ist mir mein Privatleben wichtiger und bin ich weniger bereit, darauf zu verzichten – oder hat der Typ, der nach Saudi-Arabien geht, bloß keines, auf das er verzichten könnte?

Der Kamillenteetrinker

Also gut: Ich bin eine Frau. Ich mag Lipgloss. Aber ich mag auch Bockwurst. Ich bin gegen das Plattbügeln von Weiblichkeit und Männlichkeit. Ich finde es okay, wenn ich sage, dass ich einen Mann brauche. Am liebsten einen ohne Strickjacke, Schnupfen und Wärmflasche. Einen richtigen, der mich beschützt und nicht friert oder fleißiger Kalorien zählt als ich. Ich will so eine Art Richard Burton, einen dichtenden Boxer, einen Liebesbrief schreibenden Herkules. Keinen Vegetarier mit Harfe. Keinen Celine-Dion-Fan. Keinen Kamillenteetrinker. Ich trage gern hohe Schuhe, weil ich mir auf ihnen gefalle. Wenn ich ehrlich bin: auch weil sie Männern gefallen. Na und? Hohe Schuhe haben schon bei manchem Liebeskummer eine Schlacht gewonnen (und vielleicht auch mal vor Gericht). Warum also das Frausein aufgeben?

Ich habe früher auch im Büro geweint. An meinem Computer geheult. Auf dem Damen WC. Sogar mal in der Kantine. Manchmal wollte ich, dass es keiner sieht. Und manchmal wollte ich, dass es jeder sieht. Seht her, ihr habt mich verletzt! Ihr macht mich fertig! Ihr dummen Säcke ohne Gefühle. Ich wollte getröstet werden, gesehen werden. »Du darfst im Büro nicht schluchzen«, sagten die jungen Kollegen damals und verdeckten meine roten Augen mit ihren breiten Schultern. Ich habe es dann schnell mit Puder übermalt. Wie kommt man also an so ein Fell? Sich nichts anmerken lassen oder nichts mehr fühlen? Abstumpfen oder abdecken? Noch mehr Schminke?

Eine Frau, die aggressiv ist, hat entweder ihre Regel oder ist schwanger

Als ich irgendwann zum ersten Mal zurückgeschnauzt habe, standen zwei Männer in der Tür und sagten »Oh, sie hat wohl heute ihre Tage!« Eine Frau, die aggressiv ist, hat entweder ihre Regel oder ist schwanger. Eine Zicke, empfindlich, eine Diva. Über eine Frau, die mit dem Chef zum Abendessen geht, wird geredet. Über den Chef auch – aber es schadet ihm nicht unbedingt. Eine Frau muss sich für ihre kurzen Röcke und engen Hosen (»wie mit Bodypaint aufgemalt«) verantworten, ein Chef für seinen Blick auf den Rock nicht immer. Lebt er in einem anderen Rechtssystem? Es sei denn, eine Frau – beispielsweise ich – regt sich darüber auf. Tue ich aber nicht. Wir sind doch keine Feinde. Ein Blick kann Freude machen, genau wie ein Rock. Aber ein Blick kann auch widerlich sein. Und dann kann der Rock nix dafür.

Bei Gericht zum Beispiel hat mir das Frausein nie geschadet. Die Anwälte der Gegenseite mit Alphastimme und Alphaanzug witterten meine vermeintlichen Schwachstellen, spielten sich auf, stolzierten eitel durch den Gerichtssaal. Ich war jung, blond, unerfahren. Und die Richter hatten oft mehr Sympathie für die »junge Kollegin« – die auch abwertend als solche von der Gegenseite bezeichnet wurde (»Mit Verlaub, junge Kollegin!«). Oder wir hatten schlicht die besseren Argumente.

Lasst mich doch Frau sein, lasst mir meinen Lippenstift und ich lasse euch euren Whisky. Ich will doch nur im Aufzug vor euch raus. Ich verspreche auch, nicht mehr zu weinen. Oder nur heimlich. Und in der Kneipe kann ich mithalten und ich werde lachen, auch wenn ihr zum fünften Mal den Spruch bringt »Heute singt für Sie! ... Das Niveau.« Ich kann mich auf euer Niveau saufen. Und falls ich vorher umkippe, wäre es trotzdem lieb, wenn ihr mich ins Taxi setzt. Danke.

Weihnachtsfeiern

Weihnachtsfeiern: für manche ein Karrierebeginn, für andere das Karriereende – wo früher meine Leber war, ist heute eine Minibar. Wie Sie sich auf Weihnachtsfeiern benehmen sollten:

a) wenn Sie Praktikant sind:
Sie wollen, dass der Chef endlich Notiz von Ihnen nimmt? Machen Sie es nicht wie die anderen Praktikanten und seien Sie zu schüchtern, um den Geschäftsführer anzusprechen! Tun Sie's. Und duzen Sie ihn – das findet er bestimmt cool. Dann rechnen Sie ihm vor, dass sich der billige Wein überhaupt nicht lohnt, weil alle Mitarbeiter auf die viel teureren Longdrinks umsteigen würden. Machen Sie auf dicke Hose und spendieren Sie ihm einen Champagner. Bringen Sie außerdem noch eine Freundin mit, die auch »umsonst saufen« wollte. Oder wünschen Sie sich Songs vom DJ wie »Zwanzig Zentimeter – nie im Leben, kleiner Peter.« Hemd aufreißen. Einsatz zeigen. Sie sind nicht wie alle anderen. Sie kriechen niemandem in den Arsch. Die meisten Orgelpfeifen hören dem Chef doch nur deshalb so gern bei der Beschreibung seiner Origami-Kollektion zu, weil sie sich davon etwas versprechen.

b) wenn Sie schon ein paar Jahre bei der Firma arbeiten:
Nehmen Sie sich vor Ihrem eigenen Wohlbefinden in Acht. Wiegen Sie sich nicht in Sicherheit. Trinken Sie nicht durch-

einander. Vermeiden Sie Schlägereien, zu kurze Kleider, zu aufwendige Frisuren, Provokationen. Seien Sie lustig – aber nicht lustiger als der Chef. Stehen Sie auch um Himmels willen nicht gelangweilt mit einer Grüntee-Schorle in der Ecke. Weihnachtsfeiern sollen Ihren Kollegen und Chefs ruhig zeigen, dass Sie passioniert und nicht verspannt oder verbissen sind. Stapeln Sie also am Buffet ruhig alles auf Ihren Teller, was drauf passt. Falls Sie in der Architektur-Branche sind, beweist das nicht nur, dass Sie gut zuschlagen, sondern auch Türme bauen können. Wenn Sie sich beim Essen hinsetzen, stechen Sie nicht zu fest in die Cherry-Tomate, die auf ihrem Teller thront. Das gibt Spritzer auf dem Hemd Ihres gegenübersitzenden Chefs. Salat, Mohn, Sesam, Knoblauch, Zwiebeln, Hackbällchen, Harzer Roller, schwarzer Kaffee, Heringssalat – alles eher zu vermeiden. Es sei denn, Sie haben einen Vorrat Kaugummis und eine portable Elektrozahnbürste sowie Zahnpasta dabei.

Außerdem sollten Sie mit einem vertrauten Kollegen ein Codewort vereinbaren. Ich hatte so was mal in einer sehr defizitären Beziehung. Mein Ex und ich haben uns so gestritten, dass wir ein Rettungswort hatten, wenn der Streit vollkommen ausartete, eine Art Bremse, Pause, Zäsur: »Spongebob« war unser Wort. Manchmal versuchten wir auch, uns auf Englisch zu streiten, damit die Sprache uns nicht so schnell unter die Gürtellinie entwischte, damit wir uns zumindest zusammenreißen würden, während wir nach den korrekten Beleidigungen im fremdsprachigen Wortschatz suchten. Andererseits: »Fuck off« fanden wir ziemlich leicht. Andere Freunde von mir nahmen ihre Streitigkeiten immer als Sprachmemos mit dem Handy auf, um einen Beweis zu haben, wer recht gehabt hatte. »Das habe ich so nie gesagt!« »Spul sofort zurück!«

Also, kurzum: Nehmen Sie Ihren Chef einfach sofort auf, sobald er Ihnen eine Beförderung oder einen Bonus verspricht (vor allem, falls er zu betrunken ist, um sich morgen daran zu erinnern). Sagen Sie »Moment mal!«, bevor er Ihnen persönliche, intime Details zu seiner Ehe erzählt, und zücken Sie dann Ihr Handy, um ihn aufzunehmen. Man weiß ja nie, wozu es mal nützlich sein könnte. Und bitten Sie Ihren Freund mit dem Codewort »Gonorrhoe«, Sie aus einer Situation zu retten, die peinlich zu werden droht. Rufen Sie einfach laut »Gonorrhoe« durch den Raum, damit er Sie leicht findet. Zur Not auch, während der Geschäftsführer eine bedächtige Ansprache hält.

c) wenn Sie der Chef sind:
Sie können tun und lassen, was Sie wollen. Erzählen Sie die langweiligsten Geschichten, bei denen Ihre Frau immer abwinkt! Wie Sie damals in der Schule den Algebra-Wettbewerb gewonnen haben! Wie Ihre Präsentationen Menschen zum Weinen bringen! Reichen Sie Taschentücher. Ihre Mitarbeiter werden an Ihren Lippen hängen. Bestellen Sie sich selbst teure Rotweine, die nicht auf der Karte sind, und sagen Sie »Bevor ich diesen Chateau Migräne hier trinke, zahle ich lieber selbst.« Erfreuen Sie sich an den Knoblauchzehen in der Nudelsoße und checken Sie Ihr Handy, sobald einer Ihrer Mitarbeiter redet.

Mein Vater erzählte mir mal, dass der wunderbare Regisseur Billy Wilder (»Manche mögen's heiß«) seiner Frau beim Dinner auf ihre Bemerkung »Heute haben wir Hochzeitstag, darling«, erwidert haben soll, »Please. Not while I'm eating.« Falls also einer Ihrer Mitarbeiter Sie mit einer emotionalen Rede vollschwallt, dass Sie der beste Chef sind, den er je hatte, dass das Jahr ohne Sie niemals so erfolgreich gewesen wäre – machen Sie's wie Billy: »Nicht während des Essens! Und schon gar nicht während des Trinkens! Und bitte nicht in der Weihnachtszeit!«

Führ dich auf wie Sau – und du wirst meinetwegen auch Präsident

In sozialen Netzwerken wird unanständig gehetzt, hasserfüllt gepöbelt oder auch mal ungerechtfertigt euphorisch gelobt. Gibt es noch echte Gefühle? Oder nur noch Emoticons? Herzchen fliegen und flattern über den Bildschirm für jede noch so belanglose Nachricht, pastellfarbene Kaffeetassen, dekorierte Avocados, schlafende Katzen, gähnende Hunde, Hamster, die mit Hirse jonglieren, leckende Leguane – andererseits Beschimpfungen für jede auch nur entfernt politische oder gar intellektuelle Äußerung. Haltung ist out, Milchschaum ist in.

Wo ist der Anstand hin, wenn es um das Miteinander geht? Wenn einer Dame über 60 mit eingegipstem Arm niemand mehr beim Tragen der Tasche hilft? Alle starren aufs Handy. Niemand reicht einem die Hand. Wo ist sie, die Rücksichtnahme, wenn eine Hochschwangere durch die Gänge der U-Bahn geschubst wird und Halbstarke nicht mehr aufstehen, um ihr einen Platz anzubieten? Und haben Sie schon mal versucht, mit zwei kleinen Kindern zu fliegen? Sie werden von den anderen Passagieren angesehen, als ob Sie einen sehr ansteckenden Hautausschlag hätten – neben Ihnen will jedenfalls niemand mehr sitzen und Ihre Nachbarn verlassen freiwillig den Gangplatz und wechseln zu zwei Zwiebelmett-Brot essenden Engländern mit Bieratem.

Wir haben keine Idole mehr

Aber wir haben ja auch keine Idole mehr, keine Vorbilder. Führ dich auf wie Sau – und du wirst ... meinetwegen auch Präsident. Zudem hat die Theatralik im Netz Hochkonjunktur: »Ich habe heute zwei Kniebeugen geschafft! Und mein Quinoa-Chia-Hanf-Müsli selbst zubereitet. Ich habe mir heute SELBST und ganz allein eine Sushi-Rolle im Restaurant bestellt. Ich habe ein Salatblatt dekorativ neben ein Radieschen gelegt! Hey, ich kann Rechtschreibung: habe meinen Namen gerade fehlerfrei in den Sand geschrieben. Ich danke meiner Familie, Gott, meinen Kollegen und Wegbegleitern und allen, die immer an mich geglaubt und mich unterstützt haben.« Als hätte man einen Nobelpreis gewonnen. Jeder verkauft und fühlt sich als Star. Aufmerksamkeit ist Trumpf. Oder eben Trump. Lieber ein schlechter Tag als ein schlechter Hashtag. Was soll uns der Milchschaum mit dem Herzen eigentlich mitteilen? Erstens: »Ich bin superrelaxed und habe frei, ihr arbeitenden Idioten!« Zweitens: »Ich bin superbusy und trinke den ganzen Tag Kaffee, um mich in meinem krassen Job zu konzentrieren.« Drittens: »Ich habe Verstopfung und brauche was zur Verdauung und hoffe, dass ich gleich aufs Klo kann (Emoticon und Foto dazu folgen sogleich).« Viertens: »In meinem Hirn ist mehr Schaum als auf diesem Espresso.«

Ich beobachte Eltern, die mit ihren Kindern nur noch mit Emoticons kommunizieren. Früher hat doch das Schreiben Spaß gemacht, die Bilderrätsel, die Wortspiele. Heute gibt es nur einen lachenden Smiley oder ein pulsierendes Herz. »Papa, ich bin grad vom Fahrrad gefallen und liege jetzt mit gebrochenem Arm im Krankenhaus.« – Trauriger Smiley, Daumen runter. »Mama, ich habe das Abitur bestanden.« –

Ein Motiv mit Sektglas. Und am Ende wundern sich alle, warum das Kind (trotz Abitur) so schlecht in Deutsch – und so enttäuscht von den Eltern – ist.

Der Grat zwischen Romantik und Kitsch ist schmal

Ist es denn so schlecht, heutzutage gebildet, aufmerksam, freundlich zu sein? »Ach, der war mir einfach zu lieb!«, sagen viele Frauen und suchen sich dann einen, der sie ignoriert oder versetzt. Die Herausforderung! Das Zähmen! Ja, das macht uns am meisten Spaß. Und wenn uns einer schreibt: »Schlaf gut, meine wunderschöne Fee. Ich nehme dich mit zu den Sternen!« Dann denken wir: »Du Depp, ich bin ein Kaktus und nimm mich lieber mit in eine Schnapsbar.«

Wie schmal der Grat zwischen Romantik und Kitsch ist, zwischen Anbiedern und Hofieren, zwischen Hochmut und Demut – heute gibt es kaum noch das richtige Maß. Es wäre ja auch theoretisch leichter, sich im Nachhinein für einen Fehler zu entschuldigen als im Vorhinein um Erlaubnis zu bitten. Problem ist nur: Heute entschuldigt sich keiner. Nein, öffentlich wird von allen gegen alle Regeln verstoßen. Niedertracht ist besser als eine vermeintliche Niederlage. Also machen wir mit, wir wollen uns wehren, auch nicht zu kurz kommen in dieser von Inszenierungen und Rücksichtslosigkeiten zehrenden Welt. Wir fangen an, Satzzeichen wegzulassen, und versenden nur noch ein Weinglas-Symbol mit einem Fragezeichen, wenn wir einen Freund zum Drink treffen wollen. Oder einen Hammer, wenn wir jemandem ein Kompliment machen wollen. Für Heiratsanträge reicht schon das Symbol mit dem Ring aus. Wir hören auf, uns Mühe zu geben – weil niemand für uns aufgestanden ist, als wir schwanger oder krank waren. Benehmen, Manieren, ja sogar ein Lächeln kann schon als Schwäche gewertet werden, als Eingeständnis. Wer lacht, bekommt Falten. Wer Falten hat, ist nicht schön. Wer nicht schön ist, ist unbeliebt.

Und geliebt werden wollen wir doch alle. Nur wäre es schön, wenn man uns wieder für die richtigen Dinge lieben würde. Wenn lieb sein, wieder Liebe brächte. Wenn schlechtes Benehmen geahndet würde. Wenn Romantik irgendwie wenigstens süß und toll wäre. Solidarität kommt nicht von Solo. Und Kaffee ist nur zum Trinken da (meinetwegen mit Schaum aus Kokosmilch und mit einem Schuss Rum) – nicht zum Fotografieren.

»Hilfe, eine Rosine steckt in meiner Tastatur« – ein Fall für die IT

Meine Geheimnisse sind bei mir – und bei den fünfundzwanzig Mitarbeitern der IT – gut aufgehoben ... Sie kennen das? Sie tragen einen privaten Termin bei Outlook ein und alle Assistentinnen und Assistenten mit Zugriff auf Ihren Kalender bekommen ein Terminupdate, Betreff: »Waxing Bikinizone«. Oder Sie kaufen Obst to go in so einem verschließbaren Plastikbecher – dabei fühlen Sie sich sehr gesund und gut. Als Sie jedoch wenig später kurz vor Ihrem Meeting in die Handtasche greifen, um ein Stück Ananas zu essen, stellen Sie fest, dass das ganze Obst in der Handtasche verteilt ist und im eigenen Fruchtsaft lustig vor sich hin dümpelt. Sie essen also genüsslich klebrige Stücke aus Ihrer Handtasche, als Ihre Kollegen zum Meeting kommen und sie anschauen wie ein seltenes Tier im Zoo. Mir ist auch schon mal ein Kakao in einer brandneuen Tasche ausgelaufen. Alle Lippenstifte! Das Puder! Das Portemonnaie! Das Handy! Pain au chocolat. Schmerz durch Schokolade ... Außerdem hatte ich nach einer Grillparty mal eine Currywurst in der Handtasche, die ziemlich lange unbemerkt vor sich hin gestunken hat (ich hatte diverse andere Menschen in meinem Umfeld verdächtigt, es mit der Körperhygiene nicht so ernst zu nehmen ...), bis ich feststellen musste, dass ich selbst das Fleischparfüm war, l'eau de veau.

Ich habe letztens in einer Heißhungerattacke 200 Gramm Studentenfutter in mich hineingekrümelt, weil ich mir mittags noch gesagt hatte »Heute mal kein Mittagessen, du hast doch gar nicht so großen Hunger ...« Stolz ob meiner eigenen Disziplin holte ich mir nur einen Milchkaffee und genoss die Hungerlosigkeit. Um 15.47 Uhr rächte sich der Verzicht und zahlte es mir mit dem Gang zum Automaten im Erdgeschoss und der 200-Gramm-Packung Studentenfutter heim. Da hätte ich mittags mal lieber die Karotten-Ingwer-Suppe gegessen ... Ich glaube, selbst ein Schnitzel mit Bratkartoffeln hat weniger Kalorien als diese fiese, angeblich gesunde Nuss-Rosinen-schokolierte Mandel-Mischung ... Vor Hast und Hunger kullerten einige Erdnüsse, Cashews und Rosinen über meinen Schreibtisch und eine landete mitten in meiner Tastatur. Rosine versenkt.

Ich schrieb also folgende Mail an unsere IT-Abteilung (ich glaube, mit denen hatte ich häufiger Kontakt als mit meinen Chefs): »Liebe IT-Team, ich kann leier nicht arbeiten, weil eine Roine in meiner Tatatur fetteckt. Ich weiß, aß ich getern chon mal angerufen habe, weil ich nicht bemerkt hatte, aß er Akku meine Laptop leer war. Heute it aber er Akku voll – und ie Tatatur leier auch. Bitte entfernen ie ie Roine!« Die Rosine klemmte übrigens zwischen den Tasten d, s und x.

Während ich also auf die IT wartete, damit die Rosine fachgerecht aus der Tastatur operiert würde (ohne dass ich Tasten herausbreche), wurde ich etwas hektisch, weil ich noch die ganzen Nagellackfläschchen, -entferner und die Tuch-Gesichtsmaske, die ich heute Mittag hinter verschlossener Bürotür trug, verstecken musste, bevor der IT-Mann hereinkommen und mein Büro für einen Beautysalon halten

32

würde. Den Nagellackgeruch bekam ich wohl leider nicht mehr rechtzeitig weg. Man konnte meine Faulenzerei förmlich riechen. Na ja, immerhin waren die Fingernägel präsentierbar, wenn schon nicht die Präsentation. Wobei ich noch nicht mal den Nagel auf den Kopf getroffen hatte – denn übergemalt hatte ich noch dazu. Als ich also mein Maniküre-Set und meine restlichen Pflegeprodukte vom Schreibtisch räumen wollte, kippte ich eine große Tasse Tee über mein Handy. Wieso bin ich so? Hätte ich einfach mal mit der Rosine gelebt – wir hätten uns sicher gut verstanden ... es gibt genug Worte ohne d, s und x!

Ach, die IT hat schon so einige Momentchen mit mir erlebt. Wie neulich, als ich während einer Telefonkonferenz ein Dokument öffnen sollte. Die Konferenz mit sechzehn Teilnehmern hatte schon ewig gedauert und ich hatte währenddessen ein wenig auf BILD online gesurft, als der Rechner einfror. Nichts ging mehr. Plötzlich bat mich einer der Chefs um eine Info aus einem Dokument, also rief ich hektisch mit dem Handy bei der IT an und bat um Hilfe. Die Konferenz hatte ich – hoffentlich – auf stumm geschaltet. »Just one moment«, bat ich vorher noch alle Teilnehmer.

»Ich komme mal mit auf den Rechner«, sagt die IT in solchen Situationen immer und meist ist irgendein doofes Fenster offen. In diesem Fall war es BILD mit der Headline »Sextalk auf der Nacktinsel«. Das sah doch mal definitiv nach harter Arbeit aus. »Wir müssen den Computer neu starten.« Keine Info, kein Dokument, kein Triumph. »I will get back to you later«, sagte ich so tapfer ich konnte zu den sechzehn wartenden Kollegen und Kunden. Das war mein glorreicher einziger Beitrag in insgesamt zwei Stunden Telefonkonferenz.

Ja, es waren immer die falschen Fenster geöffnet, wenn die IT gerade mal wieder »mit auf den Rechner« kam: Online-Shopping für Unterwäsche, die Website eines Arztes (gern eines Proktologen oder Psychologen) oder Google mit der Suchanfrage »Ausschlag Haut Oberschenkel juckt« oder »Wie werde ich schneller braun? Oder »Wie lange ist THC im Urin nachweisbar?« oder »Wann ist der Eisprung?« oder »Wie bekomme ich einen flachen Bauch, ohne zu trainieren?« Seriöses Zeug halt.

Schön ist auch, wenn das Diensthandy abstürzt und man es bei der IT abgeben muss. Alle Chats und privaten Termine, alle Fotos und aufgerufenen Seiten – das Handy ist ja heute intimer als jedes Tagebuch. Letztens schickte mir der IT-Mann (einer meiner Lieblings-IT-Männer, Herr Fuchs) nach dem Reset und Austausch meines Handys ein paar Fotos per Mail. Es handelte sich um laszive Selfies in Unterwäsche (ja, hauptsächlich von MIR), die ich auf dem Handy gespeichert und MIT dem Handy versendet (oder empfangen) hatte. »Vielleicht brauchen Sie die noch«, schrieb er – im Anhang tauchten alle Bilder als Sofortvorschau auf, wie Puzzleteile des Persönlichkeitstests eines Psychopathen. Was ich brauche, ist Selbstkontrolle! Und Nahrung, die weder in Handtaschen passt noch in Tastaturen.

Das Geschäft mit der Dankbarkeit

»Es ist schon eine Ehre, gefragt zu werden!«, so lautet das Argument derer, die von Ihnen was umsonst bekommen wollen. »Hätten Sie nicht Lust, für uns als Rednerin bei einer Konferenz aufzutreten?« Am besten sollen wir reden, schreiben, moderieren, musizieren, debattieren, mitdenken, formatieren, optimieren – und zwar alles ohne Honorar. Ist ja quasi unser »Hobby«, unser »Talent« und macht auch »kaum Arbeit« ...

Natürlich fühlen wir uns geschmeichelt, wenn wir Anfragen bekommen, Aufträge, Auftritte, Jobs. Sie suggerieren »Ich bin begehrt. Interessant. Spannend. Besonders.« Ja, und es ist auch tatsächlich schön, gewollt zu werden. Das Geräusch von Applaus. Das Geräusch vieler aufpoppender E-Mails. Das Geräusch von Likes.

Dein Like ist lautlos. Genau wie dein Honorar. Aber was hat heute noch einen konkreten Gegenwert, eine Bedeutung? Es wäre nämlich auch schön, wenn man für eine Auftragsarbeit oder ein Praktikum angemessen bezahlt würde. Wobei es oft nicht mal darum geht, dass die Bezahlung nicht »angemessen« ist, sondern dass es ÜBERHAUPT keine Bezahlung gibt. »Hey, aber dafür bekommst du Ruhm/eine Plattform/Reichweite.« Du solltest dankbar sein, dass wir dir das anbieten! Der Uwe macht's sofort und würde sogar noch Nacktfotos beisteuern. Und Lexy hat letztes Jahr nach unserem Event sogar einen Auftritt während der Schamhaar-Messe bekommen. Steve moderiert seit unserer Anfrage frei für Antenne Arschkriecher. Und Zoe haben sie sofort eine Übernachtung im Iltis Hotel Hildesheim geschenkt. Für dich springen da gewiss total viele Folgeaufträge bei raus ... Und auf jeden Fall mehr Follower. Awareness. Vielleicht sogar Ausland.

Du sollst also wieder mal einen Vortrag halten, einen Beitrag schreiben, mithelfen, Leute akquirieren, ohne dafür bezahlt zu werden. »Hey, aber wir zahlen dir sogar die Anreise per Flixbus.« Keiner würde von einem Steuerberater verlangen, dass er doch umsonst arbeiten solle, weil er durch uns so viele Weiterempfehlungen bekäme und dazu außerdem so einen tiefen Einblick in falsch angelegtes Geld und Verschwendung, dass der Lerneffekt immerhin nicht unbeachtlich sei. Ich sag meinem Vermieter dann auch mal, wie froh er sein kann, so eine coole Mieterin wie mich zu haben. Ich rauche nicht, ich trinke meist auswärts und Haustiere hab ich auch keine. Miete will er trotzdem.

Jeder Arbeitgeber könnte uns vorhalten, wir sollten doch froh sein, dass wir keine Lücke und dazu noch so einen renommierten Namen im Lebenslauf haben.

Wozu noch Gehalt? Wir schenken ihnen Lebenserfahrung!
Schließlich bekommst du ein warmes Büro in einem hippen Gebäude und sogar eine sich selbst wartende Kaffeemaschine. Nebenan ist auch ein echt cooler Concept-Store und das WLAN funktioniert auch oft, zwischen 9.30 und 10.30 Uhr neben der Toilette. So sollen junge Menschen dann für Start-ups und Firmen geworben werden. Nein, mit-

machen ist nicht alles. Und von euren Grünkernrucksack-Gutscheinen und veganen Lipgloss-Give-Aways kannst du deine Miete auch nicht bezahlen.

Warum scheint gerade heute der Glaube zu herrschen, die Arbeit selbst habe keinen Wert? Schreiben und Reden ist so was wie Yoga; die Mitarbeit in einem Start-up ist so was wie Schwimmen, eigentlich mehr ein Interesse, eine Lebenseinstellung, it's fun. Und das Team ist auch fun. Eine gewisse Wertschätzung wäre gleichwohl nett. Es wird immer häufiger erwartet, dass wir Dinge freiwillig tun, als Freundschaftsdienst, aus Zugehörigkeit oder Coolness. Und wir schämen uns mehr und mehr, für unsere Arbeit nach Geld zu fragen. Es wirkt peinlich, gierig, geldgeil, geradezu bedürftig, sich nach einer etwaigen Bezahlung zu erkundigen. Nein, es ist spießig. Hast du es etwa nötig, du Kleingeist?

Der Ausgenutzte fühlt sich – wie auch in Liebesbeziehungen – immer wie der Spielverderber, wenn er den Mund aufmacht. »Unentspannt« ist er, weil er nicht toleriert, was der Täter von ihm verlangt. »Die Kollegin zickt wieder rum«, heißt es, nur weil sie nicht die dritte unbezahlte Nachtschicht in dieser Woche machen will. Aber sie ist nicht faul – sie will nur nicht länger verarscht werden. »Schluss mit lustig?« Nein, Schluss mit knauserig. Nehmt euch, was euch zusteht!

»Von gewissen Kerlen möchte man ja sogar bedrängt werden«

Es ist 13.45 Uhr – und ich bin heute noch nicht belästigt worden. Sollte ich jemanden wegen Diskriminierung verklagen?

Ich bin weder frauen- noch männerfeindlich. Ich bin überhaupt nicht besonders feindlich, ich mag's lieber freundlich – vielleicht bin ich deshalb recht »erfolglos« auf Twitter und Facebook ... Was mich aber stört: dass es Frauen gibt, die #metoo posten, weil ein Typ mal beim Karneval ihren Popo gestreift hat. Ist das schon sexuelle Belästigung? Oder werden hier krasse Fälle körperlicher Unterdrückung mit ein paar anzüglichen Sprüchen durcheinandergewürfelt?

Es pfeift aus allen Gassen

Gerade erzählte mir eine Freundin, sie sei in Argentinien gewesen und habe es so genossen, dass alle sie auf der Straße angesprochen hätten, jeder Kellner habe geflirtet, ein Verkäufer ihr ein Eis geschenkt, ein Mann sei mit ihr über die Straße getanzt, als sie nach dem Weg gefragt habe. Belästigung? Nicht wirklich. Warum fällt es dann manchen Männern so schwer, den richtigen Ton zu treffen?

Sexismus ist das, was immer noch und immer wieder stattfindet: vor allem im Berufsleben. Wir werden für Assistentinnen gehalten oder auf Weihnachtsfeiern für Ehefrauen, Anhängsel, Begleitpersonen. Uns wird gesagt, wir seien einfühlsamer, hätten die hübschere Handschrift oder sollten bitte doch das Kundengeschenk aussuchen, weil wir so einen guten Geschmack hätten.

Wenn wir mit mehreren Frauen in einer Besprechung sitzen, fällt auf jeden Fall ein erstaunter Kommentar à la: »Oh, was für eine Quote! Drei Frauen arbeiten bei dem Projekt mit! Und dann noch eine Analyse zu Zahlen ... hätte nie gedacht, dass sich Damen für so was interessieren ...« Ja, wir können auch Finanzen. Und vielleicht sogar IT (also ich persönlich jetzt nicht, aber ... ich kenne da welche!). Nein, für uns zart besaitete Weibchen soll der Job lieber »emotionale Intelligenz« fordern oder »guten Umgang mit Menschen«. Und wie sollen wir denn reagieren, wenn der Chef uns zum Abendessen einlädt? Lehnen wir es ab, sind wir vielleicht prüde, verklemmt. Nehmen wir es an: unprofessionell?

Frau kann es nicht richtig machen
Wenn man sich als Frau dazu noch aufdonnert, hat man ohnehin verloren. Dann hat man den Job, das Projekt und das Lob ja sowieso *nur*, weil ... ja, weil man blond, brünett, langhaarig, kurzhaarig, langbeinig, kurzröckig, sexy, adrett oder sonst was ist! Weil man eine Nase hat! Und zwei Augen!

Es ist einfach zu leicht, uns zu hassen. Uns nicht ernst zu nehmen. Vor allem, wenn wir noch weiblich daherkommen. Am besten richten wir eine Hotline ein für Menschen, die sich gern auftakeln – diese gefallsüchtigen Hohlfritten, ja, diese billigen Bitches mit Profilneurose und Nagellack. Frauen, wenn ihr euch gern aufbrezelt: Ihr seid doch bloß

Opfer eines oberflächlichen, von Männern und Marken kreierten Systems, ihr Dummchen.

Also mir hat das Zurechtmachen immer Spaß gemacht, das Verschönern, das Maskieren, das Rollen wechseln. Und ich möchte mich weder für meinen Minirock noch für meine Jogginghose schämen. Und ich möchte angesprochen werden. Wenn's geht nicht unbedingt belästigt, aber angesprochen. Freundlich. Und wenn es mir nicht gefällt, möchte ich das sagen dürfen und erwarte, dass der Mann dann auch aufgibt, geht, mich nicht bedrängt. Von gewissen Kerlen möchte man ja vielleicht sogar bedrängt werden ... Wenn keiner pfeift, ist's auch nicht allzu schön. Es muss nur deutlich kommuniziert, signalisiert werden, was man möchte. Dann können wir uns auch alle wieder entspannen und anlächeln. Ihr habt doch genug Menschenverstand, um zu wissen, was geht. Ihr fasst dem Briefträger ja auch nicht einfach an die Eier oder streichelt dem Taxifahrer über den Kopf, oder?

Und wenn nicht: Rufen Sie noch heute an und wir helfen Ihnen, zwischen Belästigung und Kompliment zu unterscheiden. Da gibt es mannigfaltige Möglichkeiten, ohne dabei zu unterdrücken, zu nerven, zu schleimen, zu bedrängen. Sie müssen dafür kein Seminar besuchen, keine Hotline wählen und keinen Anwalt einschalten. In Wahrheit wissen Sie nämlich ganz genau, wann Sie eine Grenze überschreiten. Sie merken es vielleicht auch an der Reaktion der Frau. Und nein, die Frau sendet Ihnen kein verstecktes Signal, in ihrer Ablehnung schlummert keine Botschaft, dass Sie eigentlich »weitermachen« sollen. Sie können das! Ich traue es Ihnen durchaus zu. Und falls nicht: Testen Sie's doch erstmal bei einem Mann aus. Als Testostemonial sozusagen ...

Geld macht nicht glücklich. Oder?

Neulich stand in der Zeitung, dass ein sehr reicher Mann mit seinem Privathelikopter abgestürzt ist. Das wird mir nicht passieren. Ich fahre Bahn.

Das Problem am Bahnfahren ist nur: Viele Menschen wollen das. Viele Menschen tun das. Es geht schon am Bahnsteig los. Ich freue mich auf die vier Stunden Fahrt, ein bisschen arbeiten, ein bisschen lesen (rede ich mir ein) und vielleicht ganz wenig glotzen (rede ich mir auch ein, denn es wird viel werden. Vor allem viel Social Media. Was in der Bahn schwierig ist, weil das Internet die Instagram-Videos so langsam lädt, dass man lange warten muss, bis der eingefrorene Bildschirm sich schleppend fortbewegt. Es ist quasi das Internet auf Rollator mit kaputten Rädern. Instagreis. Insta humpelt. Und dann friert das Ding immer genau dann ein, wenn du den Ex stalkst und jemand vorbeikommt und dich grüßt).

Aber zurück zum Bahnsteig: Natürlich habe ich noch nichts vorbereitet für den Termin, zu dem ich unterwegs bin. Noch letzte Nacht habe ich mir erzählt: »Ach, das Dokument liest du in Ruhe in der Bahn. 137 Seiten – was ist das schon! Lade ich mir im Zug runter!« (WLAN? W-lahm! Dokument lädt nicht. Also unvorbereitet zur Besprechung. Improvisieren konnte ich schon am Klavier nicht. Da kamen dann immer nur C-Dur- und G-Dur-Akkorde raus, obwohl ich ein Fan von Moll bin.) Ich stehe also am Bahnsteig und glaube noch fest daran, dass ich gleich alles lesen, verstehen und vorbereiten kann.

»Laura!« Warum triffst du nie irgendeinen coolen Rockstar oder Autor am Gleis (gut, die würden dann natürlich nicht »Laura!« rufen, weil sie dich nicht kennen. Aber dennoch …), sondern immer nur einen Ex-Kollegen oder deinen ehemaligen Lehrer, der die Schach-AG geleitet hat?

»Wo sitzt du?«, fragt der Kollege, der schon damals ausschließlich über Baumärkte und Drechselmaschinen gesprochen hat. Nicht meine Themen. Ich kann nix am Hammer und könnte auch einen Drechsler nicht von einem Fleischwolf unterscheiden. Ich brauche ja sogar zum Bananeschälen eine Anleitung.

»In der zweiten Klasse«, sage ich und hoffe, dass er in der ersten sitzt. Tut er auch. Ist ihm aber egal. Er freut sich so, mich zu sehen, dass er ruft: »Ich setz mich zu dir!«

Reichsein macht auch nicht glücklich. Außer man gibt das Geld für Alkohol, Sushi und Lederjacken aus

»Ich hab reserviert.« Ich bin so spießig, ja. Ich komme mir dabei uralt und kleinlich vor. Vor allem, wenn jemand auf meinem reservierten Platz sitzt und ich endlos mit mir kämpfe: Soll ich der Erbsenzähler und Besserwisser sein und ihn bitten aufzustehen? »Entschuldigung, das ist mein Platz.« (Was das impliziert, ist ja immer: »Sie Vollidiot! Können Sie etwa die Anzeige nicht lesen! Reservier dir doch selbst deinen Gangplatz, du Trottel!«)

Und vor allem, darf ich denjenigen bitten aufzustehen, wenn er deutlich älter ist als ich? Oder ein kleines Kind dabeihat? Oder ein Japaner auf der Durchreise ist, der mich fragend ansieht, weil er weder mich noch die Schilder versteht, die »reserviert« anzeigen? Wie viel Arschloch steckt in mir?

Nein, dafür bin ich zu schüchtern. Zu feige. Zu uncool. Oder schlicht zu nett. Ich kann es nicht. Ich gehe also weiter, schwitze, der Zug ist voll und ich flüchte ins Bordbistro.

Eigentlich hatte ich mir extra eine Buttermilch und einen Apfel eingesteckt, aber mit dem Zug ist das so eine Sache: Die Deutsche Bahn ist appetitanregend. Sehr! Ich muss mir also noch während wir im Bahnhof stehen, die Nürnberger Rostbratwürstchen oder/und den Flammkuchen bestellen. Außerdem XXL NicNacs. Vielleicht bin ich vom Nahkampf des Platzsuchens so hungrig. In der Bahn kann ich besser essen und besser schlafen als sonstwo.

Nach den Bratwürstchen besiegt mich der Schlaf und ich mache ein Nickerchen, während mir Senfreste aus dem Mund laufen und ich ein bisschen auf den Tisch im Bordbistro sabbere.

Dann muss ich Pipi. Leider sind zwei Toiletten gesperrt. Ich wackele durch den Zug – und nehme die nächste freie, die ich finden kann. Nicht nur geht die Tür extrem langsam auf, sie geht auch extrem langsam wieder zu. Es ist eine automatische Tür für Rollstuhlfahrer. Ich bin ja ganz schnell, denke ich. Da darf ich das – für mich eigentlich nicht vorgesehene – WC doch wohl kurz blockieren.

Das Klo ist komplett versaut (ich erspare Ihnen die Details, aber Sie kennen das vielleicht von öffentlichen Toiletten). Aber ich habe nicht die Kraft weiterzusuchen. Noch einen Wagen voller Koffer und Kinderwagen zu durchqueren. Ich versuche, mich irgendwie von der Klobrille fernzuhalten, was bei der Fahrtgeschwindigkeit nicht wirklich gelingt. Touchdown.

Als ich mit noch offener Hose die Hände wasche, öffnet sich die Tür ganz langsam wie von Geisterhand. Vor dem Klo warten drei Leute. Davon einer im Rollstuhl. Sie sehen das schmierige Unheil und ich sehe ihren angewiderten Blick. »Ich war das nicht!«, möchte ich sagen. Aber sie würden mir ohnehin nicht glauben. Bilder sagen mehr als Worte und meine offene Hose gibt ihnen den Rest. »Das ist die Behindertentoilette!«, ruft mir einer belehrend hinterher, als hätte ich einem Kleinkind seinen Teddy geklaut.

Was mich tröstet: Im Helikopter gibt es GAR KEINE Toilette. Reichsein macht auch nicht glücklich. Außer man gibt das Geld für Alkohol, Sushi und Lederjacken aus.

Ich werde trotzdem weiter Bahn fahren. Und falls ich den Ex-Kollegen wieder am Bahngleis treffe, lasse ich mir von ihm einfach beibringen, wie man die Toiletten richtig zubekommt. Zur Not mit Schrauben und Drechselmaschine. Oder ich leihe mir doch den Helikopter aus.

Das Leben ist Aufraffen. Wie viel Kraft es kostet, nicht den ganzen Tag liegen zu bleiben

Wie viel Kraft es kostet, sich anzuziehen. Zum Sport zu gehen. Jeden Tag. Das ist nicht eine Erledigung wie Apotheke oder Versicherung (die übrigens auch unfassbar viel Kraft kosten. Und nervig sind), das liegt eigentlich jeden Tag wieder von Neuem vor dir. Nicht monatlich, nicht wöchentlich. Täglich. Nach dem Spiel ist vor dem Spiel – aber warum folgt ein Spiel so verdammt schnell auf das nächste? Kaum ist der Sport geschafft, schon musst du wieder ran. Und dann kommt ja schon die nächste Aufgabe, das To do, der Tag nimmt seinen Lauf – und du läufst hinterher. Mit Krücken. Humpelnd. Du gerätst außer Atem. Anrufen, Mailen, Rückmailen, Feedbacken, Drucken, Printen, Schreiben, Erstellen, Verfassen, Tippen, Kalkulieren, Präsentieren, Optimieren, Maximieren. Dabei wärst du so gern liegen geblieben. Wie ein Verwahrloster! Essen bestellen, Lieferservice, kein Sport, kein Aufräumen, kein Rückruf, keine Mail, kein Paket bei der Post abholen, keinen neuen Ausweis beantragen, kein Geschenk für Annas Geburtstag kaufen, kein Waschpulver besorgen, keinen Rohrreiniger, keinen Klempner kontaktieren wegen des Wasserhahns.

Du könntest jetzt schlafen, essen, trinken, knutschen, reden – und trotzdem verbaust du dir den ganzen Tag mit Aufgaben. Oder die Aufgaben mauern dich zu, sie versperren dir den Weg und du bist unglücklich. Dabei solltest du doch glücklich sein, du westdeutsche Wohlstandsfritte mit genug Kleidern im Schrank und genug Freunden auf Whatsapp und mit einer Geschirrspülmaschine und einem Fahrrad. Du kannst wählen. Du kannst einkaufen. Du kannst jeden Tag warm duschen.

Und warum so viel Selbstverwirklichung und so wenig Selbstvergessenheit, Selbstzerstörung, Selbst-gar-nichts? Du willst dich gar nicht laufend mit dir selbst beschäftigen. Nur leider wirst du dich selbst nicht los. Du warst noch nie ohne dich unterwegs. Und nun sind all deine tollen Möglichkeiten zum Imperativ geworden. Ist ja nur ein Angebot, ein Angebot zum #betterlife, zum immer mehr als gestern, zum Toppen deines Selbst. »Life Goals, Work Goals, Couple Goals« – woher sollen täglich die Ziele kommen? Da hilft auch kein Social Network, das dir morgens die Profile irgendwelcher unorigineller Wannabe-Athleten entgegenspült, auf denen so was steht wie »Motivation« oder »Inspiration« oder »Mondaymotivation«.

Vergiss nicht, dir noch das Briefpapier aus Hirse zu bestellen, reparier noch schnell den Computer, das WiFi geht mal wieder nicht, geh zum Friseur, geh zum Arzt, sorge für dich, spende Blut, spende Trost, der Fahrradreifen ist leer. Es ist alles leer, es sind Erledigungstaktiken, Beschäftigungstherapien, eine unendliche Aneinanderreihung von allem, was es zu bewältigen gibt. Aufgaben, von denen du dir die meisten selbst gestellt hast. Lebe das Leben in vollkornigen Zügen! Du bist so frei wie nie. Und deshalb irrst du hektisch in deiner kleinen Zelle umher.

Es gibt sie, diese Tage, an denen dir alles schwerfällt. Selbst der Griff zum Kaffee. Du hast gekleckert? Scheiß aufs Taschentuch. Du hast deine Briefe seit Tagen nicht geöffnet? Ändert sowieso nichts. Du willst dich der Welt nicht stellen, deine Vorhänge bleiben zu, du hast inzwischen mehr Pfandflaschen als Unterhosen und den Vormittag kennst du höchstens noch aus der Schulzeit.

Nein, du kämpfst nicht nur gegen *einen* inneren Schweinehund. Deine Hunde haben sich vermehrt, sie bellen und kläffen und kommen im Rudel daher. Du kannst sie nicht besiegen, eher wächst du mit der Couch zusammen und ernährst dich von Scheiblettenkäse auf abgelaufenem (ungetoastetem, denn der Gang in die Küche kostet dich zu viel Kraft) Toastbrot. Ist nicht jeder Mensch mal ein Hartzer?

Es gibt sie, diese Tage, an denen dir alles leichtfällt. Selbst der Weg zum Personalchef. Selbst die siebenundachtzigste Kniebeuge. Die Versöhnung mit deiner Freundin. Du singst zwischendrin Karaoke und hältst die dritte Präsentation. Es folgt ein Kletterausflug mit dem Büro. Dir fällt alles so leicht. Selbst die keine Zigarette. Selbst die achte Überweisung. Selbst der finnische Dokumentarfilm mit Untertiteln. Selbst das Kind, das nicht müde wird. Und selbst du, die nicht müde wird. Deine Schlaflosigkeit ist Genuss. Dein Stress ist Euphorie. Und dein Sport, Lesen, Schreiben, Funktionieren, Überweisen, Anziehen, Ausziehen, Umziehen, Duschen, Zurückrufen, Mails beantworten, Turnen, Sprinten ist Hobby. Dein Schweinehund ist ein Welpe, mit dem du wild im Garten toben willst. Du brauchst keinen Yogatermin, kein Achtsamkeitsseminar. Du brauchst nur den richtigen Tag.

Endlich schwanger? Warum ein unerfüllter Kinderwunsch immer noch ein Tabu ist

Angeblich müssen wir uns nicht mehr zwischen Kind und Karriere entscheiden. Aber ist das wirklich so? Kann man ein Reihenhaus kaufen und trotzdem am Wochenende bis 7 Uhr morgens auf einen Rave gehen? Kann man sich nach Verbindlichkeit sehnen und trotzdem im November noch nicht wissen, wo man Silvester feiert? Kann man jemanden lieben, der eigentlich ein Idiot ist? Und kann man ein Kind wollen – und trotzdem so bleiben, wie man ist?

Früher haben wir Frauen immer geweint und gezittert, wenn wir fürchteten schwanger zu sein. Über 30 fangen wir Frauen dann eher an zu weinen, wenn wir nicht schwanger sind. Ja, beim Thema Kinderkriegen zeigt der Körper uns, wer an der Macht ist, wer hier die Hosen anhat (selbst wenn die Hosen vielleicht mal runtergelassen waren), und wir können nur hilflos zusehen, wie er uns nicht gehorcht. Vielleicht neigen wir sogar aus Wut dazu, ihn zu beschimpfen und gemein zu ihm zu sein – obschon wir wissen: Er sitzt am längeren Hebel und wird im Laufe unseres Lebens noch viel gemeiner zu uns sein können.

Wenn man nur für ein paar Tage glaubt, schwanger zu sein, sich einredet, dass die Dinge anders riechen und schmecken, ist man umso enttäuschter, wenn der Körper einem wieder den Vogel zeigt, einem unter die Nase reibt, dass man irre ist, an Wahnvorstellungen leidet, keine Ahnung hat, seinen Körper nicht kennt, haha, lacht sie einen aus, die nicht gebärende Gebärmutter – und du Idiotin hast im Kopf schon Kindernamen ausgesucht! Dummerle.

Tabuthema unerfüllter Kinderwunsch

Der unerfüllte Kinderwunsch – heute immer noch viel zu sehr Tabuthema. Betroffene Paare sprechen mit niemandem darüber, alles tuschelt (»die sind doch schon seit drei Jahren verheiratet ... was ist denn da los?«) – und wen geht es überhaupt was an, wer wann wie und zu welchem Zweck Sex hat?! Lasst die doch in Ruhe, ihr Arroganten, ihr Ignoranten! Wie könnt ihr so taktlos sein? »Und? Seid ihr schon dabei?«, der Druck, den andere auf diese armen Frischvermählten ausüben, ist bestimmt nicht eizellenbeflügelnd. Und zudem ziemlich indiskret. »Scham und Schande«, denken die Honeymooners, »wir sind nicht fruchtbar, nicht weiblich oder männlich genug, nicht hormonell oder sexy genug, wir können uns nicht vermehren, unsere Geschlechtsorgane sind Taugenichtse. Da wäre uns eine Sehschwäche oder Fußpilz lieber.«

Während andere stolz erzählen, sie seien sofort auf der Hochzeitsreise schwanger geworden! Wie aus Versehen. Hubsi, schwupp. Die anderen Frauen beschleicht plötzlich diese seltsame Angst, wenn die Freundinnen schwanger werden: Fremdheit, Ferne, Traurigkeit, Erleichterung. Nein, es ist keine Missgunst, es ist Verlustangst. Bleibe ich übrig? Bin ich Außenseiter im See der Schwangeren, in dem es nur noch Gespräche über Krabbelgruppen und Stubenwagen gibt – und muss ich alleine wieder (am besten mit Kippe im Mund, weil ich ja die Sündige, die Unschwangere bin) an

Land robben? Und wenn nein: Will ich denn mein Leben ändern? Meinen guten Job vernachlässigen, meinen Sport, meine Freiheiten, das Trinken, das Sushi, das Reisen, meine Anziehungskraft verlieren, meinen straffen Bauch, meine Unabhängigkeit, mein Jungsein, mein eigenes inneres Kind verlassen, um selbst Mutter zu werden?

Auch ich fragte mich kurz vor der Hochzeit: Wie weit würde ich gehen, um ein Kind zu bekommen? Jahrelang in Fruchtbarkeitskliniken herumsitzen: künstliche Befruchtungen, Ovulationstester, Messgeräte, Blutwerte, Hormone schlucken, spritzen? Es hatte doch sonst immer alles so reibungslos funktioniert in meinem Leben und ich war doch ein Glückskind, vom Glück geküsst – mit Zunge! Lieblingskind, Tochter, Freundin, Geliebte, Anwältin, Autorin, Ehefrau, gern gesehen in jeder Runde (wenn auch manchmal vielleicht nur zur Belustigung, zur Erheiterung, als Exotin, als Freak, als Unkonventionelle, als Polarisierende). Ich war keine defekte Maschine. Und schon gar keine defekte Frau.

Und jetzt? Würde ich diese Frau beim Arzt werden, die ihre Zeit weinend und abgemagert in Wartezimmern sitzt, auf Reproduktionsseiten surft und von keinem anderen Thema mehr spricht? Würde ich das Mitleid der Kugeln erwecken, die auf den Stühlen neben mir prall gefüllt ruhten und blubberten? Würde ich die Blicke, die Geburten und all die verschenkten Strampler und umrahmten Fotos der anderen ertragen, würde ich mich weiblich fühlen, würde ich warten können, würde ich mich mit einer Niederlage je abfinden? Ich wollte nie »nur« Mutter sein. Aber ich wollte immer »auch« Mutter sein. Es war so vorgesehen, über andere Optionen hatte ich nie nachgedacht.

Wie das Leben die Ansprüche runterschraubt

Wann war das Leben eigentlich so aufwendig geworden? Jahrelang hatten wir jungen Frauen alles getan, um eine Schwangerschaft zu vermeiden. Dann hatten wir uns »Sommerkinder« gewünscht, damit sie einen hübschen Geburtstag im Freien feiern können, dann wollten wir ein bestimmtes Sternzeichen, natürlich einen Jungen UND ein Mädchen. Und irgendwann nur noch: Hauptsache gesund, Hauptsache geboren. So schraubt das Leben die Ansprüche herunter. Weil die Ansprüche vermessen und töricht waren. Weil wir schlicht keine Ahnung hatten.

Man sollte den Frauen in dieser Zeit eine Platinum-Ärztebesuchskarte schenken, aber leider gibt es hier kein Paybackbonussystem, keine geschenkte Pfanne für Treuepunkte. Kein Messerset. Vielleicht wenigstens eine Packung abgelaufener Kondome mit extra schlechter Qualität – damit's schneller klappt? Oder einen Bonus-Fernet-Branca – »Weil Sie es sich wert sind! Und außerdem als Einzige hier im Wartezimmer überhaupt Alkohol trinken dürfen!« Täuschen Sie sich nicht, liebe Frauen! Sie bekommen keinen zehnten Bluttest umsonst, bloß weil Sie bereits neun gemacht haben. Ihr Arm wird aussehen wie ein Kopfstein-Pflaster. Nebenbei sollen Sie natürlich noch arbeiten und effizient sein und sich bitte nicht von ihren Hormonen oder Wünschen ablenken lassen.

Ich sah sie vor mir, die Paare im Kinderwunschzentrum mit warmer Harfenmusik, Entspannungstee, alles voller beunruhigend unecht aussehender Grünpflanzen, viel Bambus, Broschüren mit Titeln wie »Selbsthilfegruppe: Ungewollt kinderlos« oder »Unfruchtbarkeit und Stress – Auswege durch Meditation«. Aber diese Menschen wollen kein Yoga.

Sie wollen einen Eisprung! Ich sah sie, die Nicht-Blicke der anderen Paare, keiner sah sich an, keiner wollte gesehen werden, jeder fragte sich, wie lange die anderen wohl schon »probierten«. Sie alle wussten, warum sie hier waren. Sie alle fürchteten die Diagnose, die neuen Ergebnisse, Werte, Resultate, weitere Tests. Hier war eigentlich nichts zu verbergen und dennoch saßen sie alle dort mit ihren Handtaschen und ihren geschminkten Gesichtern, als warteten sie auf die Zahnreinigung und blätterten in den Fortpflanzungs-Ratgebern, als handele es sich um ein Kochrezept. War es denn so verwerflich?

Auch heute kann ich jeden Gedanken meiner Freundinnen nachvollziehen, die noch keine Kinder haben. Ich kann die Sehnsucht verstehen, die Verzweiflung, das immerzu Belastete. Das Thema kann alles dominieren, alles verdrängen und alles verfärben. Ich war unendlich dankbar, dass ich schwanger war, obwohl ich es ungern war. Ich konnte wegen eines abgebrochenen Bleistifts oder einer verlorenen Haarbürste mit dem Weinen anfangen. Oder ich war so horny, dass ich mich bei der Arbeit gefragt habe, ob unser Pizzalieferant (Mitte 50, bauchig, gelbzahnig, geruchsintensiv und ohne Haare) eigentlich hot sei.

»Nichts ist toter als ein erfüllter Wunsch«, heißt es. Ja, das mag für die Sehnsucht stimmen, für die Liebe, für die Verheißung. In der Gefühlswelt stirbt das Ungelebte, sobald es gelebt wird. Die Erfüllung kann die Fantasie auslöschen. Aber dieser Wunsch, der Wunsch nach Kindern und nach Familie, der sich für mich erfüllte, er war nicht erloschen. Nichts war lebendiger als dieser erfüllte Wunsch.

Warum ein Vater so wichtig für das Selbstwertgefühl der Frau ist

Wahrscheinlich ist nichts so wichtig für das Selbstwertgefühl einer Frau wie das Verhältnis zu ihrem Vater. Mein Vater konnte unheimlich grob sein und unheimlich lieben. Man konnte mit ihm weinen und streiten, Opern hören und Gedichte lesen, Skat und Tennis spielen. Er konnte verletzen – und er konnte trösten und mitfühlen wie kein anderer. Wenn ich weinte, weinte er immer mit. Wenn ich schrie, schrie er zurück.

»Deine Mutter sagt immer, du bist wie dein Vater. Und das meint sie nicht als Kompliment!«, sagte er oft zu mir, seiner einzigen Tochter. Ich habe drei Brüder, ich war das Mädchen und ich durfte so sehr Mädchen sein bei ihm.

Als kleines Mädchen hatte ich manchmal das Gefühl, ich müsste ihm helfen, glücklich zu sein. Er hatte für mich schon damals etwas Verlorenes, diesen traurigen, kindlichen Blick mit den Knopfaugen, irgendwie Sehnsucht, Einsamkeit. Er hasste es, niedlich zu sein. Männer wollen keine Teddybären sein, Männer wollen Löwen sein. Haie vielleicht. Aber er war eben so einer, der brüllte – und den man trotzdem lieb hatte.

Ich konnte ihn auch immer vor mir selbst entschuldigen, wenn er mal zu laut wurde. Für mich war er nie boshaft – er war bloß auf Abwehr getrimmt. Ich sah ihn eher immer als Opfer, als Kind ohne Kindheit, das alles nachholen durfte, weil es kurz vor dem Krieg geboren worden war, kein Spielzeug und viel Hunger gehabt hatte. Weil es auf der Flucht gewesen war, vertrieben, verjagt, mit vier jüngeren Geschwistern, sein jüngster Bruder war 1945 im Stall geboren und mit einer Zange geholt worden.

Mit Papa in der Oper und im Urlaub

Wir waren Opernverbündete (meine Mutter hasste das »Gejaule«). Ab und zu reisten wir sogar nach Salzburg, wo ich als kleines Mädchen, als Vierjährige (!) – das erzählte er immer mit einem bebenden Stolz in der Stimme – vollkommen still und ruhig und gebannt neben ihm vier Stunden »La Nozze di Figaro« (»auf Italienisch!«, rief er dann noch erstaunter) durchgehalten hatte. Alle hatten nach der Aufführung nach dem tapferen, kleinen Mädchen gefragt, das seinen Papa zu den Salzburger Festspielen begleitete. Und als ich älter war, hatte ich ihn zu einem Gastspiel der St. Petersburger Oper in Berlin begleitet, wir sahen »Eugen Onegin« und der Fürst – ein Bass – war nicht so gut, nicht so beeindruckend wie die anderen Sänger. Es war ein älterer Herr, der den Fürsten sang – oder jedenfalls war er als alter Herr verkleidet, mit weißem langem Haar – und er tat mir sehr leid, weil er weniger Applaus erntete als die anderen Sänger. Also bat ich meinen Vater, besonders stark für ihn zu klatschen und sogar lautstark mehrfach »Bravo« zu rufen. Mein Vater tat es, für mich, weil ich so gerührt war von dem alten Fürsten. Die Zuschauer neben uns sahen uns befremdet an (»Die verstehen wohl GAR nichts von Oper ...«, wie das Opernpublikum eben so sein kann – uneuphorisch, arrogant, kritisch), aber uns war das egal, wir riefen zu zweit so laut »Bravo«, wie wir konnten, und klatschten, bis uns die Hände wehtaten.

Wir fuhren als Familie oft an den Wörthersee, im Sommer drei bis vier Wochen. Fast jeden Abend spielte nach dem Abendessen eine Liveband im Hotel und die Gäste schwoften dazu. Sie sangen »Obladi oblada« oder »Du bist die Rose, die Rose vom Wörthersee ...« Es gab Damenwahl und Herrenwahl und die Erwachsenen tanzten mit uns Kindern und wir wollten Moonwalk machen wie Michael Jackson. Das Hotel war schön, aber nicht pompös, so wie gute Hotels Anfang der 90er-Jahre eben waren, klassisch und ohne Infinity-Pool oder Riesen-Spa-Bereich, eher gemütlich als top designt. Es lag direkt an dem grünen, warmklaren See und wir fuhren jeden Tag Wasserski oder Banane und spielten Tennis mit unserem Vater. (Ich war auch noch in den Tennislehrer verknallt, was meinem Vater sofort auffiel, weil ich jeden Tag Unterricht nehmen wollte. Er durchschaute mich eigentlich immer.) Als wir wieder einen Sommer dort waren, ich war ungefähr elf oder zwölf Jahre alt, hieß es: Damenwahl. Eine junge Studentin hatte meinen Vater aufgefordert, der ihr tagsüber am See rasch bei irgendeiner Hausarbeit oder einem Referat geholfen hatte. Er tanzte sehr ruckartig und schwitzte dabei immer sehr, sodass er sich mit einem Taschentuch die Stirn abtupfte und weiße kleine Papierfetzen manchmal an seinen Schläfen hängen blieben. Er neigte eher zur Röte als zur Blässe. Beim Tanzen biss er sich angestrengt auf die Unterlippe. Ich sah ihn und schämte mich. Ich winkte ihm zu, machte eine abwertende Handbewegung und fuchtelte dann wild mit beiden Armen, um ihm lautmalerisch ein »Nein! So nicht!« zuzurufen. Ich glaube, es war das erste Mal, dass ich mich für ihn schämte. Die Pubertät hatte begonnen. Er sah mich, sah mein Entsetzen, fuchtelte noch ein Mal unrhythmisch mit den Armen und entschuldigte sich dann bei der jungen Frau, dass er nun den Tanz abbrechen müsse. Später schämte ich mich, dass ich mich so geschämt hatte.

Keiner applaudierte so wie Papa

Er erzählte die Geschichte immer wieder – wie aus der bedingungslosen Bewunderung der Tochter ein erstes Unbehagen wird. Vielleicht passiert es zu Abnabelungszwecken, vielleicht um uns abzugrenzen, uns unserer Jugend, Kindheit zu versichern, vielleicht aus Überidentifikation und eigener Unsicherheit. Mein Vater war vom Podest gestoßen. Aber ich als empfängliche Tochter würde ihn noch oft genug wieder hinaufheben.

Ich suchte seine Bestätigung. Ich wollte, dass alle anderen Männer in meinem Leben mir so applaudierten wie er: er schätzte Klugheit, Schönheit, Witz und Charme. Vielleicht war ich auch deshalb nicht besonders ordentlich oder leise, weil er mir dafür niemals applaudiert hätte. Vielleicht konnte ich nicht kochen, weil er mich immer bekocht hatte. Vielleicht hatte ich an mir nur die Eigenschaften gehegt und gepflegt, die für ihn eine Bedeutung hatten.

Der Vater ist für die Tochter der Referenzmann. Alle anderen Männer messen sich an ihm, grenzen sich von ihm ab. Meist sucht man einen, der ihm sehr unähnlich oder sehr ähnlich ist. Aber er bleibt Bezugspunkt, Barometer. Und die Eigenschaften, die wir an unseren Vätern lieben, suchen wir in unseren Männern. Es gibt aber keinen wie dich, Papa. Du fehlst.

Vom Glück, gesunde Babys auf die Welt zu bringen – so verwundbar machen Kinder

Für mich gab es nie Zweifel. Ich wollte vieles im Leben – manches nur für eine Sekunde, andere Dinge für eine ganz lange Zeit. Ich konnte gut kämpfen – aber nie gut warten. Ich bin kein Langstreckenläufer. Ich jogge gern, kurz und knackig. Ich habe kein Durchhaltevermögen und keine Geduld. Aber ich wollte immer Kinder. Kinder kommen nicht auf Knopfdruck. Du kannst sie nicht auf Amazon bestellen und es gibt auch keinen Foodora-Lieferservice, bei dem du das Geschlecht wählen kannst wie ein Salatdressing.

Und selbst wenn du schwanger bist, kannst du nichts daran verkürzen, beschleunigen, optimieren. Es ist der letzte Sieg der Natur über die Technik. Kein Hashtag, kein Filter beim Ultraschall.

Ich wünschte mir Kinder. Das Leben kennt keine Abkürzungen – aber bei der Nachricht, dass ich Zwillinge bekomme, habe ich es so empfunden. Buy one, get one free. Brüte eins aus, das andere brütet mit! Welch ein Segen!

Ich mochte es nicht, schwanger zu sein

Dennoch: Ich mochte es nicht, schwanger zu sein. Es ging mir nicht gut, weder psychisch noch körperlich. Vermutlich führten die körperlichen Beschwerden zu einer Traurigkeit und Wut. Ich war wütend aufs Frausein. Ich war wütend auf die Natur und auf meinen Magen. Ich hatte abwechselnd Hunger und mir war schlecht. Ich war auf einmal müde, mir war schwindelig – ich war fremd in meinem eigenen Körper, den ich sonst immer so gut zu kontrollieren versucht hatte, ihn getrimmt und getrieben, ihn auf Partys geschleppt und mit Alkohol und Koffein gegen jegliche Anflüge von Schlappheit gewappnet. Nein! Dieses Mal würde ich verlieren, er würde mich besiegen. Er war müder als ich. Er war – in seiner Schwäche – stärker als ich.

Ich hasste meinen Kleiderschrank. Meinen Lieblingsoutfits sagte ich Lebewohl. Ich hasste meine Angst. Schlief ich zu wenig? Arbeitete ich zu viel? Schadete ich meinen Kindern mit lauter Musik, mit Sport, mit Süßigkeiten? Aber ich wollte nie so eine Schwangere sein, die beim Anblick von Rohmilch-Käse schon Ausschlag bekommt und die die Weinflaschen im Supermarktregal mit Antiseptikum einsprüht. Ich tat nicht so, als würde ich den Alkohol und das Sushi nicht vermissen. Ich vermisste es, mich schlecht zu behandeln! Ich vermisste sogar die Blicke. Eine Schwangere verliert ihre Waffen. Für mich war Schwangersein wie Kranksein. Meine eigene Machtlosigkeit, der Verlust der Anziehungskraft. Jeder konnte es sehen und jeder konnte mich darauf reduzieren.

»Ja, du liebes bisschen«, werden Sie jetzt sagen. »Wenn das alles ist ... stell dich nicht so an!« Aber ich hatte eine komplizierte, eine Risikoschwangerschaft. Und dann kamen meine Kinder zu früh auf die Welt – sechs Wochen. Nach einem Eil-Kaiserschnitt und einer schwülen Gewitternacht. Wir waren ein Weilchen im Krankenhaus. Meinen Sohn durfte ich nach der Geburt nicht einmal sehen. Er wurde sofort weggetragen. Geschrien hat er nicht.

Er lag auf der Intensivstation, unsere
Tochter auf der Frühchenstation

Ich erinnere mich an den Geruch des Antibiotikums. Es war dieser synthetische beißende Nebel, der den Babyduft meines Sohnes wegdampfte, überlagerte. Ich erinnere mich an das ständige Tuten und Fiepen und Piepsen der Geräte, Puls, Sauerstoff-Sättigung, Atmung. Immer tutete ein Kind, alle lagen in ihren Plastikkisten, mit ihren Drähten und Schläuchen und Magensonden. Meine Tochter war auch verkabelt, aber nur zur Überwachung. Ich erinnere mich, ich fühle es noch, wie ich dachte, ich würde nie mehr glücklich sein.

Es war dieser heiße Sommer mit 38 Grad in Deutschland, auch – und vor allem – in Frankfurt. Und die Hitze, die Sonne, die Eiscreme da draußen, das Leben »da draußen«, das Geräusch von Schwimmbädern machte alles nur noch unerträglicher. Wir lebten hier, in der Klinik, zwischen Intensiv- und Frühchenstation. Und ich lag auf der Wöchnerinnenstation – als einzige Mama ohne Kinder. Alle schoben ihre kleinen Säuglinge in den Wannen vor sich her. Ich hatte nicht mal eine Wanne. Bei jedem Rückschlag habe ich wieder geweint, mich auf den Boden geworfen, auch vor den anderen Babys. Vor den anderen Müttern, die auch an ihren Wärmebettchen saßen, neben ihren verkabelten Säuglingen. Manche hatten vielleicht noch viel mehr Grund zum Weinen und ich bewunderte sie und nahm mir jeden Tag vor, auch tapfer zu werden. Und die Babys, die lagen da ganz ruhig, meist weinten sie überhaupt nicht, sie lagen still da, mit ihren Magensonden und ihren Sauerstoffmasken oder ihren Zugängen, mit Nadeln im Kopf (weil man bei Säuglingen am besten in den Kopf sticht, um die Infusion zu legen), und wir Eltern, wir Erwachsenen mit Nadeln im Herzen und überall. Mein Sohn hatte blau gestochene Hände, kleine blaue Flecken, auch am Fuß, in den man ihn schon gepiekst hatte für diverse Infusionen und Blutentnahmen. Ich sah ehrfürchtig und dankbar den Kinderkrankenschwestern und Kinderärzten zu, die ihren Job so aufopferungsvoll und mit Hingabe machten, die alles für diese kleinen Wesen gaben. Und was war ich schon dagegen? Wem konnte ich helfen – so wie sie mir geholfen haben?

»Ich werde nie mehr ich selbst sein können«

Ich weiß noch, wie ich damals dachte »Ich werde nie mehr ich selbst sein können«. Also nicht mehr dieselbe, die Leichtfüßige, das Mädchen, das Kind, die Pippi Langstrumpf. Ich wäre keine Frau mehr. Ich würde mir nichts mehr aus mir machen, aus der Liebe, aus Männern, aus Sex, aus Tanzen, aus Alkohol, aus einer Reise nach Florenz, aus einem Konzert, aus meiner Arbeit, aus meinem ganzen bisherigen Leben, aus nichts. Ich werde das nicht überwinden. Niemals. Ich würde nicht in Frankfurt bleiben können, ich würde meinen Beruf nicht mehr ausüben wollen, ich würde mich von all meinen Freundinnen und ihren Babys abnabeln, abkapseln müssen. Ich würde auswandern. Irgendwo bei null anfangen, wo mich keiner kennt. Wo keiner sagt »Schau mal, das ist doch die, die mal Zwillinge hatte ...« Mein Herz kam mir hier nicht zugute. Ich konnte zu gut leiden.

»Ihr seid doch gerade erst auf der Welt«, sagte ich an ihren Bettchen. Meist hatten sie die Augen geschlossen. »Ich werde euch zeigen, dass die Welt da draußen schön ist. Ihr werdet schon sehen. Glaubt mir, die Welt ist so schön.« Die Traurigkeit war größer als ich. Manchmal hatte ich das Gefühl, dass alles ein Irrtum war, dass mich irgendein fieser Traum, ein Drogenrausch verschluckt hatte, ich irgendwie auf einem miesen Trip hängen geblieben war, dass das alles nicht mir galt.

Und dann überkam mich doch wieder dieses Gefühl, als habe das Schicksal es so lange für mich vorgesehen, als habe es so kommen müssen, als hätte ich – verwöhnte, dumme Gans – es nicht anders verdient. Ich war hochmütig gewesen, zu wenig demütig und dankbar. Und nun traf mich die Strafe meiner Sünden, ohne Strafmilderungsgründe, ohne Notwehr. Ich hatte immer vorsätzlich oder aber sonst wenigstens fahrlässig gehandelt. Aber was konnte mein Sohn dafür? Straft mich, flehte ich, aber lasst ihn in Frieden. Er ist doch ganz neu hier. Er darf doch die Welt erst mal lieben. Er war doch noch nie an der frischen Luft. Lasst ihn hier raus.

In der Traurigkeit isolierte ich mich. Ich wollte nur mit Fremden sprechen. Mit der Putzkraft im Krankenhaus, mit Taxifahrern, mit Besuchern. Ich wollte einen Deal mit Gott machen. Ich wollte ihm schwören, ein besserer Mensch zu werden, wenn er meine Kinder nur in Frieden aus dem Krankenhaus kommen ließe. Ich schwor es. Ich schwor, alle meine Vergehen wiedergutzumachen, nie wieder Böses zu tun.

Niemand hat das Glück für sich gepachtet

Das Glück kommt und kann jederzeit verschwinden. Aber irgendwann hatten wir Glück – unsere Kinder wurden nach drei und nach fünf Wochen – gesund! – entlassen. Sie lernten die Sonne kennen und auch die frische Luft. Sie leben und lachen. Sie kamen zwar zu früh, aber sie kamen auch genau richtig. Und die Demut? Bleibt sie? Oder ist es wie mit all dem Abschwören? Wie mit dem »Nie wieder Alkohol!« nach der durchfeierten Nacht.

Ich werde die Sorgen aller Eltern und Liebenden und Verletzten immer verstehen. Kinder machen so verwundbar. Ich denke an all diejenigen, die auch solch ein Glück hatten, gesunde Kinder auf die Welt zu bringen. Und ich denke an diejenigen, die immer noch zu kämpfen haben. Niemand hat das gelernt. Niemand ist dafür gemacht oder geeignet. Ich weiß nur: Ich werde bestimmte Dinge nie wieder für selbstverständlich nehmen.

Der Krebs kuschelt immer mit

Es ist schön und seltsam, Kranke zu umarmen. Einerseits hat die Umarmung eine besondere Innigkeit, eine Festigkeit, man drückt wie beim Krafttraining, die Umarmung wird zum Liebessport, man krallt sich fest, klammert, presst, stemmt, als würde die Heftigkeit, die Stärke der Umarmung den Menschen auf der Erde halten, seine Genesung beschleunigen oder wenigstens die Liebe widerspiegeln.

Andererseits ist die Umarmung auch schwer, erdrückend, erdrosselnd, die Glieder sind angespannt von der Schwere des kranken Körpers und vom Gewicht der Traurigkeit. Die Gebrechlichkeit des einen verdeutlicht die Asymmetrie, den Lebenssaft des andern. Manchmal möchte ich kurz zurückweichen, einatmen, raus aus der Umschlingung, der eine Mensch riecht nach Verfall, warum ist seine Haut plötzlich so weiß, fast schuppig, warum ist alles voller Geschwüre, Tumore. Es ist, als würde man den Krebs umarmen. Der Krebs kuschelt immer mit.

Ich schämte mich für meine anfänglichen Berührungsängste. Dass ich ihm und seinem Krebs nicht zu nah kommen wollte. Natürlich wusste ich, dass er nicht ansteckend war. Ich wusste, dass ich weder heilen noch schwächen konnte mit meiner Berührung. Aber mir war trotzdem seltsam zumute, als ich zum ersten Mal einen todkranken Menschen in den Armen hielt. Und dieser Mensch war mein Vater, der stärkste Mann in meinem Tochterleben. Wie fühlt sich jemand, der weiß, dass er gerade stirbt? Diese Frage ging mir den ganzen Tag durch den Kopf.

Er atmete schon schwerer. Das Alter hatte ihn befallen wie ein Ausschlag, nein: überfallen. Überall sah man den Krebs, dabei wütete er doch unterirdisch in seinen Innereien, im Untergrund, er buddelte sich seine Bahnen, grub sich durch die Organe, ein Krebs, ein Maulwurf, ein Marder und Mörder. Es ist komisch, denn der Krebs war so lange unsichtbar, bis er tödlich wurde, bis es zu spät war.

Und seit der Diagnose konnte man ihn sehen, hören, förmlich riechen, wie Ungeziefer wuchs er, wie ein Attentäter, so hinterhältig und heimtückisch hatte er sich in meinen Vater hineingeschlichen, war umhergewandert, hatte überall seine fiesen Minen versteckt und sprengte sich jetzt in die Luft. Ich wollte ihm nah sein – ihm ohne den Krebs, nur ihm allein, ohne Mitläufer, Parasiten –, aber wir konnten uns kaum nah sein, wir sprachen nicht über das Offensichtliche. Das Sterben. Wir spielten. Ich spielte stark und ahnungslos. Und er spielte Genesung. Zurück in die Zukunft. Er schmiedete Pläne.

»Im Sommer schwimmen wir mit deinen Kindern im Wörthersee«, sagte er. Glaubte er selbst daran? Oder wollte er mir Hoffnung schenken? Mich täuschen, belügen, sich selbst trösten? Ich konnte ihn nicht fragen. Ich konnte nur mild sein, ein bisschen naiv flunkern (ein Teil von mir glaubte ja, dass er gesunden könne) und sagte ihm, er solle kämpfen, kämpfen, nicht aufgeben. »Du schaffst das«, feuerte ich ihn an. Ich war sein Cheerleader.

Die einzige Zeit, in der er nicht trank – nur noch Apfelsaft –, waren die letzten Wochen vor seinem Tod. Nach der Diagnose hörte er mit dem Alkohol auf. Er betonte immer, dass sein »Leberkrebs« (eigentlich war es Gallengangkrebs – aber die Gallengänge führen durch die Leber. Der Krebs zählt also zu den Lebertumoren) nichts mit seinem Trinkverhalten zu tun habe. »Es liegt nicht am Alkohol! Das sagen auch die Ärzte«, erklärte er mir mehrfach am Telefon und auch, als ich ihn in Hamburg besuchte, kurz nach der Diagnose.

»Ha! Meine Leberwerte sind fabelhaft! Besser als die von eurer Mutter. Und die trinkt ja keinen Schluck.« Das hatte er früher immer gesagt, mit Stolz und Erstaunen. Wie ein Anwalt, der einen Ganoven überführt, hatte er die Ärzte entlarvt: Alkohol kann einem nichts anhaben! Ihm jedenfalls nicht! Siehe da, schwarz auf weiß, und er wedelte mit den Laborwerten, seinem Dokument, das bestätigte, dass er und seine Leber unbesiegbar, unbetrinkbar waren. »Wo früher meine Leber war – ist heute eine Minibar.«

Er hielt seinen Champagner und seinen Prosecco für belebend, »ich brauche das zum Schreiben«, er würdigte seinen Fernet Branca und seinen Grappa nach dem Essen, »das hilft der Verdauung«, er trank immer gegen irgendetwas an, gegen die Zeit, gegen die Schmerzen, gegen das fette Essen (vielleicht aß er nur so reichhaltig, um zu trinken), gegen den Schlaf, gegen die Schlaflosigkeit. Er trank gegen sich selbst. Das war sein Lieblingstrinkspiel.

Oft wollte er auch uns Kindern sein Gesöff aufschwatzen, er pries es an, sobald man ihm erzählte, man habe Bauchweh oder fühle sich voll, matt, müde, elend, schlapp, satt, träge, habe zu viel gegessen – für ihn war Alkohol kein Alkohol, sondern Medizin gegen alle Schmerzen körperlicher und geistiger Art. Wie gut wir uns alle immer selbst belügen! In seinem letzten Sommer dachten wir immer, dass der Alkohol ihn so müde machte. Das Trinken in der flirrenden Hitze, die Mücken, der Weißwein, die Windstille. Aber es war nicht der Alkohol. Es war der Krebs.

»Hör nicht auf, ihn zu umarmen«, sagte meine Tante damals zu mir. Auch wenn er sich nicht mehr anfühlte wie mein Papa, als ich klein war, als ich Kind war. Auf einmal hatte die Umarmung etwas Gruseliges. Und doch bin ich froh, dass ich ihn so fest gedrückt habe. So halte ich ihn immer noch – bei mir.

Deutschland sucht die Rabenmutter –
bewerben Sie sich jetzt

Ich rufe hiermit zu einem Casting auf! »Deutschland sucht die Rabenmutter!« Bewerben Sie sich noch jetzt – fügen Sie bitte Ihren Lebenslauf bei (der es beispielsweise NICHT rechtfertigt, dass Sie arbeiten, weil Sie nicht in Quantenphysik promoviert haben) und senden Sie uns Fotos Ihrer verwahrlosten, unfrisierten, schokoladenverschmierten Rotzlöffel.

Wenn Sie Mama sind, arbeiten und Ihren Job lieben, sind Sie bei unserem Casting genau richtig. Füllen Sie dafür einfach diesen Fragebogen aus:

1. »Warum gehen Sie bis zum späten Nachmittag oder gar Abend arbeiten?«
2. »Treten Sie Dienstreisen an oder überlassen Sie diese lieber Ihren männlichen Kollegen?«
3. »Melden Sie sich freiwillig für zeitintensive, herausfordernde Aufgaben?«
4. »Nehmen Sie an geschäftlichen Mittagessen teil, obwohl Sie ohne Lunch früher zu Hause sein könnten?«
5. »Kochen Sie ungern selbst?«
6. »Haben Sie im letzten Jahr ein Wochenende ohne die Kinder verbracht, etwa zu zweit oder mit Freunden?«
7. »Geben Sie Ihre Kinder mehr als 45 Minuten pro Tag in Fremdhilfe?«

8. »Haben Sie sich Zeit genommen, gute Freunde innerhalb der letzten zwölf Monate häufiger als ein Mal zu sehen?«
9. »Gehen Sie abends gerne mal ins Kino oder gar ein Weinchen trinken?«

Wenn Sie mehr als eine Frage mit JA beantwortet haben, qualifizieren Sie sich für den Recall. Sie sind eine schlechte Mutter! Sie sind eine verbissene, vom Ehrgeiz getriebene Karrierefrau mit mittelschwer ausgeprägten egoistischen Zügen. Möglicherweise haben Sie ein Alkoholproblem, zumindest aber sind Sie vergnügungssüchtig und vernachlässigen Ihre Kinder.

Im großen Finale können Sie Kondome und einen Plastikhund gewinnen, der bellt und scheißt und an dem Sie Ihre Fürsorgefähigkeiten unter Beweis stellen können, bevor Sie mit Ihrem abstrusen Wunsch nach Fortpflanzung und Selbstverwirklichung weitermachen.

Es geht nun in der nächsten Runde darum, ein besonderes Feindbild darzustellen. Das gelingt Ihnen leicht, indem Sie entweder a) erfolgreich im Job sind und auch noch einigermaßen Spaß am Leben haben, b) zu Hause bleiben und eine zufriedene Mutter sind oder c) irgendwas dazwischen, Teilzeit, Vollzeit, viele Kinder, wenig Kinder, viel Sport, wenig Sport – es gibt so wunderbar viele, mannigfaltige Möglichkeiten, wie Sie diesen Wettbewerb für sich entscheiden.

Menschen werden Sie bewerten. Wie auch immer Sie leben. Denn – und das ist Ihr Glück: Menschen lieben Frauenfeindlichkeit. Der hübsche Trost: Sie sind Gewinnerin eines Castings.

Egal, ob Ihr Kind sich beim Gemüseessen schwertut oder im Algebrawettbewerb verliert – irgendetwas haben Sie falsch gemacht. Sie waren entweder zu entspannt, eine gleichgültige Hippie-Mutter, die das Kind nicht genug gefördert und sogar auch mal alleine spielen und toben lassen hat, oder Sie waren Helikoptermama ohne eigenes Leben, eigene Karriere, eigenes Geld, ein Mauerblümchen, bieder und abhängig, das sich voll und ganz für die Schachturniere ihres Säuglings geopfert hat.

Männer werden sich über Sie wundern, wenn Sie lange im Büro bleiben: »Jetzt aber schnell nach Hause!« Männer werden Sie fragen, wer denn bei den Kindern sei, wenn Sie auf Geschäftsreise sind (+++ Breaking News: Es gibt den sogenannten »Kindsvater« (noch recht unerforschte Spezies, Anm. d. Red.), der beim Kind bleiben kann, wenn die Mutter verreisen muss +++).

Männer werden Ihnen sagen: »Du siehst gar nicht aus wie eine Mutter!«, was auch immer das heißen mag. Männer werden Ihnen auch sagen: »Du siehst gar nicht aus wie eine Anwältin!« Reagieren Sie hierauf einfach, indem Sie diesen Männern die Urkunde unseres Castings vorhalten. Sie haben das Prädikat »besonders wertlos«.

Und das kann Ihnen keiner nehmen. Da haben Sie was Eigenes. Gut, es ist vielleicht kein Jodeldiplom und auch kein Cashmere-Strick-Award. Aber machen Sie sich doch nichts vor: Ihr Status als Mama, als Anwältin, als Frau – ist an sich schon eine Provokation. Und deshalb werden Sie verklagt, nein, angeklagt.

Sie können nicht ausgehen, ohne eine Schlampe zu sein. Sie können nicht erschöpft und müde aussehen, ohne untervögelt zu sein (»die lässt sich aber gehen ...«). Sie dürfen sich nicht aufbrezeln, ohne eine Tussi zu sein. Und Sie können nicht arbeiten, ohne ein Angriff auf die Gesellschaft zu sein. Wir ermöglichen Ihnen hier und heute, endlich einen Preis für all Ihre Mängel und Makel abzustauben. Also zögern Sie nicht. Der Hass wird auch Sie finden.

Termin für den Einsendeschluss: Gestern. Tja, da hätten Sie wohl lieber mal früher am Computer gesessen, statt Ihre Kinder zu wickeln ...

Nächstes Mal im Angebot für Sie: »Wie schmeiße ich die perfekte Babyshower – zwanzig lustige und glutenfreie Hirse-Backrezepte für alle Supermommys!«

Schluss mit Mutti – warum man Mütter einfach mal in Ruhe lassen sollte

»Lasst uns Komplizen sein! Ein Urteil beinhaltet immer auch die Angst, etwas falsch zu machen. Etwas anders zu machen. Für diesen anderen Weg braucht man vermeintlich eine Rechtfertigung. Aber man braucht überhaupt keine.«

Es war wieder einer dieser Lieblingssätze vieler Menschen: »Wenn man gut organisiert ist, kriegt man das alles hin.« Jeder gab ihr Ratschläge. Jeder fasste sie an. Vielmehr: ihren Bauch. Jeder sagte, dass es natürlich nicht wichtig sei, was andere sagten, »lass dir da echt nicht reinquatschen ... aber ... Du musst unbedingt ...« Und dann folgte eine lange Reihe von Hinweisen und Pflichten, ein Monolog aus Entsetzen und Urteilen voller hilfreicher Telefonnummern und Must-have-Adressen. »Du willst nicht stillen? Wirklich nicht?« (Was sie nicht sagten, war: »Dabei wissen doch alle, dass Stillen voll das Beste fürs Baby ist. Eitle Sau. Faule Nuss. Titten versus Baby. Und die Nährstoffe!«).

»Echt jetzt: Du willst einen Kaiserschnitt?« (Man sah es, ihr ungläubiges Stirnrunzeln – und man hörte die Untertitel dazu: Die faule Nudel ist sich zu schade, mal selbst zu pressen. Als ob sie ein Hollywoodstar wäre). »Hmm ... Du willst nach sechs Monaten wieder arbeiten?« (»Was bist du denn für eine! Total egoistisch von dir!«)

Und mit der Geburt ging es erst richtig los.

Es war, als habe sich die Welt in zwei Lager geteilt. Ach, und man würde den Frauen ja doch heimlich (oder laut) vorwerfen, dass sie sich durch Kinder und Elternzeit ja quasi selbst aus dem Rennen gezogen hätten, sich verabschiedet in die Welt der Cupcakes und Spieluhren, fort von der Rauheit des echten Lebens, raus aus den strengen Konferenzräumen, hinein in die Wickelzimmer. Dass sie den bequemen Rückzug gewählt hätten, in eine friedliche Welt, in der Härte und Leistung keine Rolle spielen. Eine mit Babyöl einbalsamierte Wirklichkeit, gepudert und schaumgebadet – weil Frauen eben doch nicht für das gemacht seien, dieses Verhandeln und Einstecken, für dicke Felle und dickes Auftragen.

Aber ein gewickeltes Kind ist keine – jedenfalls von der Gesellschaft anerkannte – Leistung und gespülte Flaschen sind kein Businessplan und das in einer Welt, die so von Leistung und Nachweisbarkeit lebt, die sich definiert über die Anzahl der Telefonkonferenzen, Meetings, Kniebeugen und Burpees.

Kein Wunder, dass es so schien, als wollten die Berufstätigen (Männer UND Frauen) mit den »Muttis« nichts zu tun haben – und umgekehrt. Arbeitende Mütter fühlten sich bewertet und verurteilt, weil sie keine Pastinake blanchierten und den Adventskalender nicht mit nachhaltigem Holzspielzeug bastelten, sondern online bestellten. »Karrierefrauen«, die sich bestätigten, beruhigten und trösteten, dass es andere gab, Frauen wie sie, die nicht 24/7 an Kursen wie PEKiP, Babypilates oder Mutter-Kind-Yoga

75

teilnahmen. Nein, sie flohen vor den Sing-Sang-Krabbel-Gruppen und Früh-Chinesisch-Kursen. Weil sie sich dort unwohl fühlten.

Natürlich verbirgt sich dahinter nicht nur ein Urteil, sondern auch die Angst, etwas falsch zu machen, das schlechte Gewissen, weil man arbeiten geht und sich »selbst verwirklicht« – was auch immer das bedeuten mag (ich jedenfalls wollte mich selbst eher weniger »wirklich« machen, geschweige denn VERwirklichen! VerUNwirklichen wäre mir lieber). Außerdem: Ein Job ist kein Wellness-Programm oder Achtsamkeitskurs ...

Auf der anderen Seite: Die Mütter, die nicht mehr arbeiteten. Sie fühlten sich ebenso minderwertig: Denn das Leben vorher hatte aus Aufgaben bestanden, aus To-do-Listen, aus Erledigungen, Ablieferungsterminen, Fristen, Deadlines, Abgaben, Besprechungen, Meetings, Konferenzen, Telefonterminen. Bei alledem hatte es Zeugen gegeben. Menschen, denen man etwas beweisen musste. Man hatte etwas einhalten müssen und nun war man von der Öffentlichkeit abgeschieden, nur dem Kind gegenüber verpflichtet, aber das Kind fragte nicht nach und applaudierte nicht, das Kind gab kein Feedback und schrieb auch keine Mail.

Es war schwierig. Was auch daran lag, womit die »Muttis« (welch ein dummes Wort!) sich beschäftigten, sich beschäftigen mussten (Einkaufslisten, Kinderarzt, Impfungen usw.). Wodurch ihr Alltag automatisch weniger anspruchsvoll, weniger intellektuell schien als ein bezahlter Job mit Ergebnissen und Excel-Tabellen und vorzeigbaren Präsentationen und Slides und Pitches. Hier war nichts vorzeigbar.

Das Kind verbrauchte Windeln, Milch, Tücher, Lätzchen, das saubere Geschirr – und man selbst war damit beschäftigt, das alles wieder brauchbar zu machen, nachzukaufen, nachzubesorgen, in einer Endlosschleife aus Waschpulver, Feuchttüchern und Watte. Der Erfolg (den man erst mal für sich definieren musste ... War es ein »Erfolg«, wenn das Kind aufgegessen hatte?), der Verzicht, die Arbeit, die Leistung – das alles war nicht sichtbar, es war sogar unsichtbar. Und daher mochte es stumpf, weniger wichtig erscheinen als ein Kunde oder eine Präsentation, obwohl es verdammt essenziell war. Versorgung. Anerkennung. Weibliche Komplizenschaft, bitte. Solidarität.

Das Kind ist alles wert. Aber es geht die anderen nichts an, wie du das für dich regelst. Also lasst uns bitte in Ruhe. An alle, die meinen, zu wissen, wie wir uns fühlen. Die alles besser wissen: einfach mal die Fresse halten.

Ich will alles – oder nichts! Über die Vereinbarkeit von Beruf, Kindern und Aussehen

Ich bin zerrissen. Ich will eine gute Frau sein und eine gute Mama. Ich will eine gute Anwältin sein und eine gute Autorin. Ich will ein guter Mensch sein, eine gute Tochter, Freundin, eine gute Zuhörerin und Unterhalterin.

In wie vielen Bereichen muss ich gut sein, um mich gut zu fühlen? Reicht es nicht, dass ich eine Sache am Tag gut mache? Zum Beispiel einen Vortrag halte und weniger Fleisch esse? Nein, es reicht nie!

Wann wird aus gut nur noch effizienter – aber nicht glücklicher? Wann hört man auf, auf eine gute Art und Weise ehrgeizig zu sein und wird verbissen? Und wann wirkt perfektionistisch irgendwie getrieben, unsympathisch?

Ich habe immer Schuldgefühle. Meinen Kindern gegenüber, wenn ich im Büro bin. Dem Büro gegenüber, wenn ich beim Sport bin. Dem Sport gegenüber, wenn ich Schokokekse esse oder Riesling trinke. Meinem Körper gegenüber, wenn meine Blutwerte schlecht sind. Dem Arzt gegenüber, wenn ich wieder mal einen Termin verschiebe. Der Disziplin gegenüber, wenn ich mal einen halben Tag in Jogginghose chille. Meinem Mann gegenüber, wenn er aufsteht, um die

Kinder zu füttern. Den Kindern gegenüber, wenn ich mit meinem Mann zu zweit ein Wochenende wegfahre. Oder wenn wir betrunken nach Hause kommen und ich mir wünsche, ausschlafen zu können. Dennoch schleiche ich nachts mit Schwips an ihr Bett und mache einen liebevollen Hicks oder glucke vor Freude, wenn ich sie dort liegen sehe mit ihren kleinen Köpfen, in ihren Schlafsäcken wie eine Kugel Eis in einer Waffel, fußlos, eingewickelt, meine Burritos ... apropos Burritos, es ist nachts und ich habe nichts gegessen und der Wein macht mir plötzlich Appetit. »Das solltest du lassen!«, ruft meine Eitelkeit. »Was soll's!«, ruft meine Gier.

Ab an den Kühlschrank. Aber da liegt leider kein Burrito. Nur Joghurt, Schinken und Riesling. Ich esse den Schinken im Dunkeln. Und bestelle Lebensmittel online per Lieferservice.

Man macht so viele Teilzeitjobs, dass man insgesamt zehn Vollzeitjobs macht. Und Teilzeitmutter ist man sowieso nie. Ja, man kann in Besprechungen sitzen, Telefonkonferenzen haben – aber die Kinder erfordern und verdienen immer das ganze Herz und richten sich nicht nach Terminkalendern. Da siegt immer die Liebe über die Professionalität. Man kann zwar die Betreuung abgeben – aber man gibt nie die Fürsorge, die Herzensangelegenheit ab. Und das will man auch gar nicht.

Ich WILL auch Mutter sein. Ich WILL meine Kinder sehen. Aber ich will auch ernst genommen werden. Und mitgenommen werden zu den Meetings und Konferenzen. Manchmal fühle ich mich wie mein eigenes Klischee, wenn ich aus einem Meeting heraus Kindergartenplätze beantrage und Fieberzäpfchen bei der Apotheke bestelle. Früher habe ich unterschätzt, was es bedeutet, arbeitende Mutter zu sein. Ich glaubte, ein Schnupfen diene als Ausrede. Aber ein krankes Kind ist kein Wellnesstag. Und nach einer schlaflosen Nacht hört die Aufgabe ja nicht etwa auf.

Meine Freundin erzählte neulich ihrem Chef, dass sie schwanger sei, und er reagierte ziemlich emotional: »Überlegen Sie sich mal, was Sie MIR damit antun!«, blaffte er sie an. Und als sie ein Jahr Elternzeit beantragte, rief er vor ihren Augen – und Ohren – bei seiner Assistentin an und sagte »Frau Schmidt (Name von mir geändert) möchte ein Jahr Urlaub machen.« Urlaub!

Aber die Mütter, die ich kenne, jammern nicht – sie kämpfen an zwanzig Fronten. Die Pflichtenkollisionen führen manchmal dazu, dass man das Gefühl hat, alles falsch zu machen. Wen muss ich zuerst vernachlässigen? Morgens mit Lätzchen beim Frühstück, dann mit Turnschuhen beim Laufen, mittags in Robe vor Gericht, nachmittags mit Daunenjacke auf der Rutsche, abends im Minikleid beim Dinner, nachts im Bett mit Dessous. Und dann ist kurz Ruh'. La dolce Kita!

Aber wie soll man selbstbewusst sein, wenn man sich selbst nie genügt

Ich kenne meine Fassade inzwischen besser als mich. Sogar Entspannung ist eine Hausaufgabe geworden. Ich mache mir Einträge in den Terminkalender, die mich daran erinnern, dass ich Fernsehen soll. Eine Serie schauen, Nachrichten, Tagesthemen. Man muss ja up to date bleiben, nicht verblöden, verlangweilen. Mitreden. Und Überlegen. Und Überleben. Und Überholen. Und Überweisen. Und Übermenscheln. Und bloß nicht Übergewichten. Und wenn ich mich gerade mal wohl mit mir oder in meinem Job oder in meiner Beziehung fühle – ist das dann der Anfang vom Ende? Vielleicht brauchen wir diese Herausforderung, um uns Mühe zu geben, immer in Alarmbereitschaft, Verlustangst, Anspannung. Lippenstift, Lexikon, Lächeln. Bloß nicht ausruhen. Alles ist kündbar. Muss es anstrengend sein, um wertvoll zu sein?

Ich mache ja selbst in diesen Sportkursen immer den falschen Schritt, wenn die Trainerin da vorne »links, V-Step« sagt, weil ich mit dem Spiegel und dem spiegelverkehrten Denken überfordert bin. Vielleicht brauche ich kein Spiegelbild, vielleicht sollte ich einfach mal den falschen Schritt machen – auch bei Kollisionen mit den perfekten Nachbarinnen auf dem Stepper.

Vielleicht muss ich akzeptieren, dass ich nicht allen gerecht werden kann. Ich liebe meinen Job, obwohl ich ihn manchmal vernachlässige. Und ich liebe meine Kinder über alles, obwohl ich auch ganz gern mal ausgehe. Ich kann sogar glücklich sein, ohne gut zu sein. Und die Schuldgefühle? Die muss man einfach manchmal aushalten, wenn man alles haben will. Vielleicht muss nicht jeder in allem gut sein. Vielleicht kann der eine gut Müll trennen und der andere im Altenheim aushelfen. Vielleicht kann der eine gut zuhören und der andere gut für Freunde kochen. Nicht jeder muss alles richtig machen.

Die besten Tipps, wie Sie selbst gute Freunde vergraulen

Überall gibt es Ratgeber, »Wie Sie in nur acht Schritten glücklich werden«, »Wie Sie mit nur 77 einfachen Regeln 7 Kilo abnehmen«, »Wie Sie ohne Google Maps Ihr inneres Ich finden«, »10 places to visit before you die«. Ich schreibe jetzt auch einen Ratgeber. »10 things NOT to do – even WHEN you die (very soon).«

Sie wollen die Top 10? Ich mache Ihnen die Worst 10! Die zehn beschissensten Ratschläge fürs Leben. Also, schalten Sie nicht ab, lesen Sie weiter: Ich zeige Ihnen, wie Sie in fünf einfachen Schritten auch die Ihnen am wohlgesonnensten Menschen vergraulen können.

1. Vergessen Sie! Geburtstage, die Namen der Kinder Ihrer engsten Freunde. Rufen Sie den kleinen Theodor einfach mal »Thilo« und geben Sie dann noch Ratschläge, wie er sich anzuziehen hat (»Für eine Mütze ist es doch viel zu heiß« – reißen Sie ihm die Mütze vom Kopf) oder was er zu essen hat: »Wie??? Euer Sohn isst Fleisch?! Wie wäre es mit einem Chia-Schnitzel?« Stellen Sie dann fest, dass der Sohn eine Tochter ist. Kommentieren Sie Lautstärke und Benehmen des Kindes. Schauen Sie die Mama schief an, wenn sie unter der Woche abends mal ein Glas Wein trinkt. Oder bemerken Sie: »Für drei Kinder siehst du doch echt noch fit aus!«

Vergessen Sie außerdem Ihr Portemonnaie ständig zu Hause. Die Menschen verleihen gerne Geld! Und bitten Sie um Hilfe beim Umzug! Fragen Sie vor allem die Dickeren in Ihrem Freundeskreis, ob sie sich nicht mal wieder »bewegen« und ein »paar Kisten« schleppen wollen (»ein bisschen Training täte dir auch mal gut«).

Ja, fragen Sie Ihre Kollegen und Freunde – anstatt ein Umzugsunternehmen zu beauftragen. Vor allem im Juli. Bei einer Wettervorhersage von 37 Grad für den Sonntag, an dem der Umzug stattfinden soll ... Dann untertreiben Sie bei Anzahl der Kisten und der Stockwerke. Verschweigen Sie, dass das Haus keinen Aufzug hat.

2. Mischen Sie sich in Beziehungen ein. Die Menschen wollen das! »Findest du nicht, dass der Karl dir nach sechs Jahren langsam mal einen Antrag machen sollte?« Oder: »Paul sollte echt weniger trinken ... Hat er Sorgen im Büro?« Ja, die meisten Ihrer Freunde wissen noch gar nicht, dass sie Hilfe brauchen. Aber Sie sind da – und sehen jedes noch so klitzekleine Problem! »Findest du es ECHT okay, dass Lisa so viel ausgeht und du immer zu Hause bei den Kindern bleibst?« Gießen Sie Öl ins Feuer. Aber kein Massageöl. Stiften Sie Unruhe.

3. Erzählen Sie beim ersten Date von Ihrem Ex. Und Ihren sexuellen Abenteuern mit ihm. Sagen Sie »Ich bin so schlecht im Bett – das musst du erlebt haben« oder – wenn jemand Sie fragt: »Kennen wir uns nicht von irgendwoher?« – antworten Sie: »Ja, und seitdem gehe ich da nicht mehr hin.« Sagen Sie, dass Sie Sex hassen und überbewertet finden. Sagen Sie, dass Sie hohe Schuhe, enge Hosen, unbequeme Unterwäsche und Sport hassen.

4. Seien Sie bloß nicht zu schön! Gut geföhnt ist verpönt. Am besten legen Sie sich eine Kurzhaarfrisur zu, um ernst genommen zu werden. Entscheiden Sie sich: entweder hohe Schuhe oder ein hoher IQ!

Wenn Ihnen Schönheit wichtig ist, sind Sie sofort eine oberflächliche Tussi, die Macron für eine Süßigkeit hält und die AfD für ein Haarpflegeprodukt.

Schämen Sie sich, wenn Sie weiblich und sexy sind – das animiert Männer nur, Sie anzubaggern, und Frauen, Sie zu hassen.

5. Erzählen Sie Ihren Freundinnen mindestens ein Mal pro Woche, wie viel Sie – ohne es zu wollen – abgenommen haben. »Huch, so was passiert mir einfach ... Egal, was ich esse. Und ich mache NIE Sport! Ich KANN einfach nicht zunehmen.«

Wer keinen Sport treibt, ist out – von EMS-Training und nassen Höschen

Sport ist heute mindestens so wichtig wie ein guter Charakter. Wer keinen Sport treibt, ist out. Und wer nicht davon berichtet, ist auch out. Sport suggeriert: Ich bin mir selbst wichtig, ich bin fit und jung und geil – und ich tue alles, um noch geiler zu werden! »Ich muss geiler werden«, hechelt und keucht eine ganze Selfie-Generation vor sich hin ... Nice legs and hashtags!

Seht her, seht her: ich hab sie, die ausgeglichene Work-Life-Balance, nach der sich alle sehnen. Denn Zeit für Sport ist Zeit für mich. Und ihr hockt noch im Büro, losers! Besser sportlich als schlau.

Auch ich trainiere. Weil man das eben so macht. Außerdem tut es mir gut und soll die Lebenserwartung erhöhen. Gut tut es mir, weil ich zu viel Energie und Aggressionen in mir trage und mich beim Sport wieder auf ein normales, angenehmes, menschenfreundliches Level prügeln kann. Danach bin ich 60 Minuten sehr sanft und ausgeglichen. Gut tut es mir auch, weil ich mir einrede, dass es mir gut tut. Placebo eben. Hach, klopf ich mir dann auf die Schulter, was war ich wieder fleißig! Da kann ich heute Abend gleich drei Weißwein mehr trinken.

Ich gehe also in mein Fitnessstudio, zum EMS-Training. Zunächst muss man ein sehr enges Shirt und eine knappe Radlerhose anziehen, bevor man in eine Weste, zwei Beingurte, zwei Armgurte und einen Po-Gurt geschnallt wird, Korsage der Neuzeit. Die Trainer sprühen die Gurte vorher mit Wasser ein (denn: Wasser leitet) und dann ist man nass und kalt und verkabelt. Ich sehe aus wie mein Videorekorder aus den Achtzigerjahren von hinten. Überall Schnüre, Stecker, Leitungen. Bodenturnen meets RoboCop.

Die anderen Frauen machen Selfies. Der Welt mitteilen, wie athletisch sie sind! Auch wenn – nun ja – das Outfit eher bescheiden aussieht. Aber die Aktivität zählt! Es ist zwar unglamourös und auch eher erlebnisarm in so einem Fitnessstudio – aber das ist für Social Media nebensächlich. Hauptsache eine Kniebeuge gefilmt und so getan, als ob man den Iron Man gemacht hat. »Ich bedanke mich für die Unterstützung bei meiner Familie, meinen Freunden und meinem Trainer.« Ja, haben die denn gerade den Oscar gewonnen? Ich hingegen bedanke mich nach einem Lauf lieber beim Asphalt, bei meinen Knien, dem Taschentuch, das ich dabeihatte ... Aber gut: Heute wird ja alles zelebriert, damit jeder zuschauen kann!

Nach dem Training fällt mir in der Umkleidekabine auf, dass ich meine Sporttasche vergessen habe. Und dann fällt mir das Wort »dusselig« ein, das viel zu selten benutzt wird. Und töricht! Vom Aussterben bedrohte Wörter ... Ich muss nach dem Duschen also auf gebürstete Haare verzichten. Wenigstens gibt's Deo im Studio – ist allerdings mit so einem scheußlichen Männer-Moschus-Sporty-Duft, der mich an die WC-Ente erinnert. Eine Protein-Zitrone mit zu viel

Testosteron. Aber das Schlimmste ist: Mir fehlt meine frische Unterwäsche! Das Höschen ist nass, eingesprüht von den Trainern und dann mit elektronischen Stößen aufgeweicht. Von so was bekommt man sofort Blasenentzündung (auch bekannt als Honeymoon Disease, weil man sie immer bekommt, wenn man ganz viel Sex hat – möglichst mit einem neuen Geschlechtspartner. Da muss sich der Körper erst drauf einstellen, anpassen an das neue Umfeld. Schon wieder so eine Laune der Natur! Für das absolut selig erfüllte Sexleben hat sich irgendwer die Rache der Blasenentzündung ausgedacht). Jedenfalls habe ich das mal so verschleppt, dass ich eine Nierenbeckenentzündung bekam. »Ah, DA sitzen also die Nieren!« Die 29 Jahre davor waren sie immer so unauffällig und stumm gewesen.

Ich ziehe meine Unterhose an, um den Feuchtigkeitsgrad zu testen. Es hilft nix! So kann ich unmöglich den ganzen Tag herumlaufen. Vor allem, weil ich gleich einen langen Termin habe. Um eine erneute Blasennierenbeckenentzündung zu vermeiden, muss ich die Unterhose trocken kriegen. Her mit dem Föhn, her mit dem Wind fürs Höschen. Während ich vor dem Ganzkörperspiegel nackt meinen Unterleib föhne, kommen zwei Frauen mit wippenden Pferdeschwänzen in die Umkleidekabine. Eine davon ist meine Ärztin! Ich bin oben ungebürstet und untenrum über-föhnt. Fragend sieht sie mich an. »Ist nicht so schlüpfrig, wie es aussieht«, sage ich, bin dann aber doch zu feige, die Situation zu erklären. Soll sie doch denken, dass ich mich vorm Spiegel heiß geföhnt habe. Eine verschwitzte Unterhose trocken zu legen, ist auch nicht besser. #sexytimes

Ich muss wohl das Fitnessstudio wechseln. Und meine Ärztin. Aber die brauche ich ja jetzt ohnehin nicht mehr: Blasenentzündung weggeföhnt!

Zwischen Perfektion und Pastinakenbrei: Frauen, steht auch mal zu euren Schwächen!

Wie du's machst, machst du's falsch: Als Frau bist du eine Rabenmutter, wenn du arbeitest, aber du bist irgendwie ein Heimchen, eine »Muddi«, wenn du nicht arbeitest. Du wirst als Vollzeit-Mama nicht respektiert, weil alle denken, du sitzt bei der Pediküre, kochst Pastinakenbrei oder gibst das Geld deines Mannes für Haarprodukte aus. Wenn du Glück hast, traut man dir noch einen Yogakurs oder Babyschwimmen zu. Im Büro wiederum denken alle, du benutzt den Schnupfen deines Kindes als Ausrede, um früher zu gehen. (Ich weiß selbst noch, wie albern ich die Mütter fand, die mir haargenau von der Farbe des Schleimes und der Konsistenz der Rotze ihres Kindes berichteten, während ich eine Berufungserwiderung vorbereiten musste und mir ihre Theatralik um das, was im Taschentuch landet, höchst albern erschien. Als Nichtmutter kommen einem Ausschläge, Körpertemperatur und Impfungen völlig belanglos vor. Mir war nur meine Frist wichtig. Ich hatte schlicht keine Ahnung.) Du bist Teilzeit-Karrierefrau – aber hast du wirklich eine Perspektive?

Und selbst wenn ich nicht im Büro bin und eigentlich »Freizeit« habe – haben SOLLTE – lasse ich mich von den anderen Müttern stressen. Diese durchgeplanten Frauen mit ihren ständigen Kursen für sich und die Kleinen: Frühjapanisch, Pilates für Säuglinge, Mozart für Embryos. Die vergleichen noch jedes Wattestäbchen bei Stiftung Warentest auf Verträglichkeit und Fair Trade (glückliche Schafe oder vegane Watte?) und diskutieren über mehrsprachiges Holzspielzeug und Still-BHs. Und die Wände ihrer Kinderzimmer lassen sie nur in Farben streichen, die bei Vollmond angerührt worden sind.

Ach, aber die Männer haben es doch auch nicht leichter: Als Mann wirst du beschimpft (im schlimmsten Fall sogar verlassen oder betrogen), wenn du zu viel arbeitest, weil deine Frau meint, du würdest sie vernachlässigen. Und du wirst ebenso beschimpft (oder betrogen), wenn du zu wenig arbeitest, weil deine Frau meint, du seist ein lethargisches Weichei ohne Ambitionen.

Eigentlich seltsam, dass wir jemanden dafür bestrafen, wenn er Zeit mit uns verbringen will. Er soll um Himmels willen nicht klammern, aber er soll verfügbar sein, wenn uns danach ist.

Den ganzen Tag im Friseursalon? Das wäre ja tussig!

Wir Frauen wiederum sollen aussehen, als ob wir den ganzen Tag beim Bodyshaping und im Friseursalon gewesen seien. Aber wir sollen natürlich tatsächlich auf KEINEN FALL den ganzen Tag im Friseursalon gewesen sein – das wäre ja tussig! Reden, diskutieren und denken sollen wir nämlich, als ob wir den ganzen Tag in einer Kunstausstellung, einer Philosophievorlesung und im Literaturhaus verbracht hätten! Aber aussehen sollen wir so nicht. Wir sollen bloß nicht nach Philosophie aussehen! Das hieße womöglich haarige Beine. Oder praktischer Kurzhaarschnitt, Hanfunterhose und Gesundheitssandalen. Ja, wir sollen Mütter sein – aber nicht über Windeln und Windpocken reden, wir sollen autarke Frauen sein, aber nicht den Abfluss reinigen, wir sollen Mädchen sein und Managerinnen.

Ich kenne Männer – und Frauen –, die absichtlich einen Ehering tragen, weil sie dann mehr angebaggert werden! Je begehrter du wirkst, desto begehrter wirst du auch. Es kommt offenbar nicht darauf an, wer du bist, sondern für wen die Leute dich halten.

Früher hab ich diese Gefühlsspielchen auch gern gegen mich selbst gespielt, eine Patience gelegt: ich gegen mein Selbstbewusstsein. In der Liebe brauchte ich immer Pflegestufe 5. Krieg und Frieden. La Traviata.

Und was ist mit den Singles, den Nichtmüttern? Die wollen sich auch nicht immer als »desperate« oder »unvermittelbar« abgestempelt werden. Sie sollen nicht zu selbstbewusst sein, aber auch nicht zu verzweifelt auf Männersuche. Sie sollen heiraten wollen – aber hoffentlich erst in ferner Zukunft. Sie sollen Kinder lieben – aber bitte noch keine eigenen zeugen wollen. Eher die Nichte oder das Patenkind! Sie sollen lustig sein, frei, unanstrengend. Ein bisschen geheimnisvoll – aber nicht furchteinflößend.

Neulich sagte ein Freund zu mir, es sei ihm zu anstrengend, einer Frau über Whatsapp zu schreiben, da käme er sich vor wie ein »Bagger-Knecht«, der ihr »hinterherlaufe«. Sind wir denn so weit gekommen, dass eine Nachricht schon als Akt der Entblößung empfunden wird? Früher sind die Männer doch tagelang durch den Regen galoppiert. Heute ist eine Textnachricht mit dem Handy schon eine Geste der großen

Gefühle! Und ja, manch einem sogar zu albern, zu affig, zu viel Anstrengung. Ich finde einen Mann nicht lächerlich oder »knechtig«, der mir ein paar Nachrichten schickt.

Aber oft ist wohl die Angst, sich zum Trottel zu machen größer als der Eroberungswille. Dabei ist das Spiel doch Teil des ganzen Vergnügens. Werben und Hofieren, Erwidern und Ping Pong.

Starke Frauen schüchtern Männer ein

Nur wo soll die erfolgreiche – vielleicht sogar »starke« – Frau nun den Mann kennenlernen, den sie nicht einschüchtert? (»Starke Frau« klingt schon fast negativ. Die, die alles alleine schafft, dabei aber abgebrüht und verbissen, gar verhärmt ist?) Starke Frauen wollen meist einen starken Mann – aber nicht jeder starke Mann will auch eine starke Frau. Dadurch gehen viele starke Frauen leer aus. Und sie sagen sich dann: »Ich mache einfach zu vielen Männern Angst.« Mag ja sein. Aber vielleicht haben sie irgendwann auch vorm Alleinsein Angst.

Bodo Kirchhoff schreibt: »Das Lieben ist die Karriere von Frauen, die von der Beachtung durch Männer abhängig sind.« (aus »Die Liebe in groben Zügen«)

Ist die Anzahl unserer Verehrer wichtiger als unser eigentliches Gehalt? Zungenkuss statt Bonus? Bestimmt sich unser Wert dadurch, wie sehr wir angebetet werden, wie sehr wir lieben können und geliebt werden? Und wollen die Männer nicht auch mithilfe von Macht und Erfolg Frauen beeindrucken, rumkriegen?

Und wie funktionieren Beziehungen ohne Gleichgewicht – vielleicht sogar mit einem, der sich nach oben »dated«, und dem anderen, der sich unter Wert verkauft? Wann ist man eine Zicke oder eine Diva mit zu hohen Erwartungen und wann ist man gar zu anspruchslos, lässt sich alles gefallen und bieten? »Du hast meinen Geburtstag vergessen? Kein Problem. Stress dich nicht! Ich trag' meine Getränkekiste auch selber.«

Ich jedenfalls wollte immer einen Mann, der mindestens so stark ist wie ich. Aber was heißt denn stark? Soll er mehr Muskeln haben – oder mehr Geld? Eine größere Wohnung oder ein größeres Ego? Soll er schneller laufen können oder schneller Auto fahren? Wie stark muss einer sein, damit ich ihn anhimmeln kann – aber ohne dass er mich dabei unterdrückt? Er dürfte mich aber nicht weniger lieben. Da brauche ich Bewunderung und Augenhöhe, Chemie und Symmetrie.

Vielleicht sollten wir weniger bewerten und in Schubladen denken – denn die Frau mit dem Hanfbeutel möchte genauso geliebt werden wie die Frau mit den zwei Handys. Aber auch Letztere ist nicht zwingend eine Rabenmutter, nur weil sie gern an Konferenzen nach 14 Uhr teilnimmt. Und die Vollzeitmama ist auch nicht automatisch nur Expertin für Fleckenreiniger. Rossmann oder Bossfrau. Und die Kerle? Manchmal reicht es doch schon, wenn sie uns in die Augen schauen – und nicht beim Abendessen aufs Smartphone.

Stark ist es immer auch, sich schwach zeigen zu können.

Warum Sie Ihrem Date ein Robben
vor den Pissoirs ersparen sollten

Die Dating-Welt da draußen ist brutal. Ja, alle wollen Single sein, freie, ungebundene Abenteurer – aber wo ist das Abenteuer, wenn man betrunken in der Schlange vor einem Club steht und womöglich doch nur von einem Haufen Abschied nehmender Junggesellen angesprochen wird, ob man sich für ein Foto ausziehen wolle? Wo ist das Abenteuer, wenn man sich beim Italiener zwei Stunden die Scheidungsgeschichte seines Gegenübers anhören und danach noch für die Limonade und den Caprese-Salat 40 Euro bezahlen muss (die Rechnung wird geteilt, auch wenn das Date ein Steak, eine Vorspeise und zwei Gläser Rotwein hatte)?

Neulich wollte ich abends eine Bar verlassen und zwei sehr penetrante Betrunkene schnappten sich meine Jacke und ließen sie nicht mehr los. Tauziehen, Frauziehen. »Lasst sie gehen!«, mischte ein Dritter sich ein und es kam zur Schlägerei. Ja, das Dating – der wohl am meisten gefürchtete menschliche Zusammenstoß. Du bewertest Menschen danach, ob sie deine Zeit und dein Interesse wert sind – und sie tun dasselbe mit dir. Wir unterwerfen uns intimsten Inspektionen, Ratings, Bewertungen und versuchen dabei, heil in der Birne und im Herzen zu bleiben, nicht abzustumpfen, nicht zu erkalten – und gleichzeitig unverwundet aus der Sache herauszugehen. Bloß nicht zu sensibel darauf reagie-

ren, wenn unser Produkt ICH am Markt nicht ankommt. Zurückweisung sticht, ist auf dem heutigen Markt aber kaum
noch vorgesehen. Scheitern ist inakzeptabel – dann lieber
schnell weiter zum nächsten Treffen, Bewerbungsgespräch,
zum Casting und Recall.

Meine Freundin freute sich vor einiger Zeit sehr auf ein Date.
Ich beneidete sie beinah um die frische, schwindelige Aufre-
gung, um ihre Appetitlosigkeit, den flauen Magen, den hun-
dertfachen Seufzer beim Blick in den Kleiderschrank. »Ich
konnte mich bei der Arbeit gar nicht konzentrieren«, erzählte
sie mir vergnügt. Ja, diese Liebe. Manchmal dachte ich, ich
sei zu emotional für die Liebe. Sie war zu mächtig. Sind wir
glücklich und aufgekratzt, fehlt uns die Ruhe für die Konzen-
tration im Job – haben wir Liebeskummer und Sehnsucht,
fehlt uns die Ruhe auch. Sind wir etwa nur effizient, wenn das
Liebesleben vor sich hinplätschert? Müssen wir uns so wohlfühlen, dass uns die Gefühle nicht mehr vom wichtigen, vom
richtigen Leben ablenken? Oder brauchen wir die Herausforderung in der Beziehung genauso wie im Job?

Zurück zu meiner Freundin also, die den ganzen Tag im
Büro mit Online-Shopping und Obsessing verbracht hatte.
Paul – ein Tindertraum – hatte sie zum Essen eingeladen.
Sie tranken Wein und aßen Sommerrollen – alles lief nach
Plan, bald wollte sie sich mit ihm durch den Sommer rollen,
weinselig und warm getrunken. Paul entschuldigte sich nach
dem Espresso kurz, er müsse aufs Klo. Da saß sie nun, meine
Freundin, nahm noch einen großen Schluck, gluckste vor
Freude und Furcht – und wartete auf Paul. Nach zehn Minu-
ten fragte sie sich, ob er die Sommerrollen nicht vertragen
habe, nach fünfzehn Minuten ging sie auf die Männertoilette,

um nachzusehen, ob Paul vor Euphorie über dieses bombig laufende Date womöglich ohnmächtig geworden war. Aber da war kein Paul, der Raum war leer, meine Freundin rief seinen Namen, sie robbte auf dem Boden, um zu sehen, ob er in einer der Kabinen verschwunden war, als ein Mann das WC betrat und sie bat, in Ruhe pinkeln zu dürfen und die Herrentoilette zu verlassen. Ungläubig und doppelt gedemütigt verließ die Beschwippste das Lokal und taumelte trübselig nach Hause. Sommerrolle – ohne Frühlingsgefühle. Noch nicht einmal die Rechnung hatte er bezahlt.

Du darfst dich nicht so auf einen einschießen

Warum hatte er sich nicht einfach höflich verabschiedet? Sind manche Menschen heute sogar zu feige oder zu faul, um zu lügen? Sagen Sie doch einfach »Ach, da fällt mir ein: Ich habe noch Würstchen im Auto! Die werden schlecht.« Sagen Sie meinetwegen, dass Ihr Hamster verdurstet oder einfach ganz banal, dass Sie ein »Meeting« haben. Oder sagen Sie, »Ich bin noch nicht über meine Ex hinweg.« Aber lassen Sie meine Freundin nicht allein im Restaurant sitzen und über den Klofußboden rollen, robben, rutschen. Geben Sie sich doch wenigstens Mühe und flunkern Sie!

Und wenn Sie flunkern – machen Sie es geschickt. Wozu auffliegen, nur um den anderen zu kränken? Benutzen Sie statt des Hinterausgangs Ihre Fantasie.

»Du darfst dich nicht so auf einen einschießen«, sagte ihr eine Freundin dann. »Portfolio-Dating heißt das Zauberwort.« Einfach drei bis zehn Männer bei Laune halten und abwechselnd kontaktieren. Das nehme den Druck raus. Manchmal ist das Sinnloseste eigentlich das Sinnvollste.

Musste SIE sich etwa ein dickeres Fell zulegen, bloß weil ER kein Benehmen hatte? Keine will eine Zicke sein, aber auch keine will anspruchslos sein. Ich kenne viele Frauen und Männer, die ihre SMS oder auch heiße Selfies per *Copy and Paste* an mehrere Empfänger senden. Mal sehen, wer zuerst antwortet. Individuell muss ja kaum noch etwas sein, ich denke nur an die »Lausemädchen«. Heute nennt man diese Hinhaltetaktik auch »Breadcrumbing« – Sie füttern mehrere potenzielle Dating-Partner mit Brotkrümeln, mal ein LIKE auf Instagram hier, mal eine Whatsapp da, unaufwendig, aber effizient. Warmhalten nannte man das früher oder: »Das ist eine für den Weinkeller. Die wird vielleicht noch gut.« Aufbewahren, sammeln.

Die Liebe braucht Nähe

Ja, früher! Da konnte man nicht einfach so verschwinden oder sich feige per Chat melden. Früher musste man noch auf dem Festnetz anrufen und häufig sogar den Vater oder die Mutter fragen, ob Lisa oder Urs da ist. Das kostete Überwindung. Heute kostet es nichts mehr, all seine Flirts gleichzeitig zu kontaktieren. Je einfacher es wird, desto schwerer wird es eben auch. Hassbotschaften anonym im Netz, Fake News und eben auch das Werben und Warmhalten mithilfe von ein paar Emoticons – Fütterungszeiten: ein Mal pro Woche ein Herz per Whatsapp versenden, zusätzlich jeweils um 1 Uhr morgens einen Kuss-Smiley (»Wow, er ist betrunken und denkt an mich« – wir reden uns ein, dass wir nicht anspruchslos geworden, sondern – nein – easy und cool und gechillt sind!), ein »heyyyy« oder »miss you« sporadisch alle 3 bis 4 Tage (»er denkt an mich«), Dosierung flexibel, Nebenwirkungen für den Absender: keine, für den Empfänger: falsche Hoffnungen, Karotte vor der Nase baumeln sehen, sich alles schönreden, verstärkter Alkoholkonsum, Handy-sucht, möglicherweise emotionales Verhungern am langen Arm.

Aber die Liebe braucht Nähe – und das Begehren braucht Abstand. Manchmal widersprechen sich diese beiden Be-dürfnisse und die Nähe kann die Lust zerstören oder die Entfernung die Liebe.

Vielleicht ist es deshalb gar nicht schlimm, eine gewisse Dis-tanz zu wahren, wenn es nur um Sex geht. Aber man sollte trotzdem keine Brotkrümel in alle Richtungen werfen. Und wenn Sie gehen wollen, sagen Sie doch einfach »Es war ein schöner Abend. Lebewohl.« Zur Not sogar: »Letzte Woche wurde bei mir ein überdurchschnittlicher Intelligenzquoti-ent festgestellt und ich muss jetzt für weitere Studien in die Universität.« Ersparen Sie Ihrem Date wenigstens ein Rob-ben vor den Pissoirs.

Warum wir der Liebe keine Chance mehr geben – und falsch damit liegen

»Wenn eine Frau mir sagt, sie hätte sich in meine Augen oder in meinen Hintern verliebt, dann finde ich das befremdlich«, sagte mir ein Freund neulich. Da könne ja jeder x-beliebige neue Hintern vorbeikommen – und sie würde sofort umsatteln, überholt, überPOlt – au Backe, mein Po. Viel zu riskant. Das kann es doch nicht sein!

Verliebtheit soll ja durch Nähe entstehen, durch gemeinsam Erlebtes, durch Verabredungen auf dem Rummel oder auf dem Minigolfplatz oder beim gemeinsamen Vespafahren durch die Sonne. Oder auch bei Regen unter einem Schirm, auf den es prasselt. Niemand geht gern k.o. durch Po.

Aber dann gibt es die, die sich gar nicht mehr verlieben. Und das nicht nur aus Taktik (wie Tony Curtis in »Manche mögen's heiß«, der mit seinem versteinerten Herzen – und mit seinem angeblichen Öl – Marilyn Monroe schwach macht) oder Vorsicht, sondern eher aus Überangebot, Gier, Ungeduld – weil diese Nähe Zeit braucht und Verliebtheit ein bisschen Mut und Ausdauer benötigt.

Wenn's zu schnell passiert, ist es uns suspekt – und wenn's zu langsam passiert, werden wir nervös, ungehalten und geben auf. Es geht immer um das richtige Timing, die passende Dosis, die Symmetrie vor der Symbiose. Aber wenn man ehrlich ist: Wir alle suchen sie, diese allumfassende, spannende Liebe – nur wie häufig im Leben verliebt man sich tatsächlich? Nicht so häufig, wie man gern will. Nicht so oft, wie es uns durch Serien, Filme, Songs vorgegaukelt wird. Nein!

Wir überschätzen die Häufigkeit der Liebe. Sie kommt nicht jede Woche und auch nicht jeden Monat. Wir sind es so gewohnt, die Dinge bestimmen zu können, Schnelligkeit beherrscht unser Leben durch Mails und Chats, nichts wird mehr manuell angekurbelt. Aber das Tempo der Gefühle ist nicht kontrollierbar und die Liebe ist nicht sofort lieferbar – auch nicht bei einer Prime-Mitgliedschaft. Zum Herzen gibt es keine Abkürzungen.

Ja, auch ich bin abergläubisch. Wenn ich verliebt sein will, sehe ich Zeichen. Autokennzeichen beispielsweise mit seinen Initialen. Blöd, wenn mein Schwarm dann Dennis Albrecht heißt und ich in Frankfurt wohne. DARMSTADT ist nah. Viele Zeichen! Und wenn's mit Dennis nicht geklappt hat, tut jedes vorbeifahrende Auto mit DA im Herzen weh. Dann gibt es noch scheinbare Kausalitäten. Du denkst an »euer« Lied und – schwupps – läuft es im Radio. Gut, natürlich auch nicht verwunderlich, wenn das Lied zufällig in den Top 10 der deutschen Charts ist. Alles kann Bedeutung haben – oder eben nichts. Verlieben wir uns heute also zu schnell oder zu langsam?

Zu schnell, sagen die einen. Zu austauschbar, zu beliebig. Man kann wie ein Teenager für jemanden schwärmen, nur weil man sein Online-Profil gesehen hat. Man kann sich hineinsteigern in einen Zwinkersmiley, ein Emoticon oder eine Google-Recherche gepaart mit Fantasie, denn das hungrige Herz will ständig gefüttert werden. Man kann sich jemanden nicht nur schön trinken – man kann ihn sich schlau trinken, humorvoll dichten und heiß filtern. Unsere Einbildungskraft kann ständig Filter über alle möglichen Charakterzüge legen.

Vielleicht verwechseln wir Lust mit Liebe. »Aus dem wahrgenommenen oder in sexuellen Beziehungen verwirklichten erotischen Kapital speist sich heute ein großer Teil unseres Selbstwertgefühls. Wer begehrt erscheint, wird noch mehr begehrt, denn der Mensch folgt in seiner Wahl instinktiv anderen Menschen. Sexuelle Anerkennung ist immer auch soziale Anerkennung.«, schreibt der wunderbare Friedemann Karig in seinem Buch »Wie wir lieben. Vom Ende der Monogamie«.

Wir begehren jemanden und meinen, die Hingabe, die Sehnsucht finde im Herzen statt und nicht im Schoß. Vielleicht wird mit dem Begriff »Liebe« sogar einerseits zu leichtfertig umgegangen. Wir »lieben« ein Restaurant, einen Song, versenden Herzchen und Küsschen sogar an unsere geschäftlichen Kontakte per Whatsapp – und andererseits fragen wir uns dennoch, »Kann ich überhaupt wirklich lieben?«

Was ist also Nähe: Bedeutet es, dass ich mit bekleckerter Jogginghose und grüner Salbe im Gesicht vor meinem Freund die Zähne putze? Oder ist das gerade das Gegenteil von Nähe, das vollkommene Ausblenden der Existenz des anderen Menschen zum Zwecke eines egoistischen Wohlbefindens? Man soll sich ja nicht »gehen lassen«. Wie viel Nähe verträgt sie denn, die Liebe? Sei sexy – ohne kalt zu sein. Sei echt – ohne das Spielerische zu verlieren.

»Glück ist immer der Moment davor« Judith Hermann

Bloß nicht zu viel preisgeben! Denn dann steigert man sich genauso rasch wieder heraus. Schluss mit Schmetterling, zurück zur Raupe Nimmersatt. Wenn's anstrengend wird, reicht die angebliche »Verliebtheit« nicht mal mehr für eine Abschieds-SMS. Ghosting nennt man das, Verschwinden ohne Erklärung. Das Gespenst verschwindet, aber im Herzen des Opfers spukt es weiter. Wir sind keine Mühen mehr gewohnt, keine Fans von »Beziehungen machen Arbeit« – wir wollen keine Work-Love-Balance, sondern nur Love und Happiness. Heute soll ja nicht mal mehr die richtige Arbeit wirklich »Arbeit« machen. Dann erst recht nicht die Freizeit, die Liebe. Da soll alles »easy« sein, unkompliziert, Spaß machen.

Und wenn du's nicht machst, macht es eine andere (oder ein anderer). Halte dich nicht für unersetzlich, für unaustauschbar und werde bloß nicht zu anspruchsvoll oder gar schwierig. Zack, da kommen Dutzende, die nicht schwierig sind, die dauernd Nacktfotos per Whatsapp verschicken, die Angebote in Bars oder über Instagram, Facebook, Tinder abfeuern, weil das Netz furcht- und hemmungslos macht. Manchmal sogar skrupellos, wenn man an all die Hassbotschaften denkt, die im Netz so verschossen werden.

»Stress nicht rum«, sagen dann die Gestressten und ziehen weiter zum nächsten unverbindlichen Date, das sich nicht so ziert. Aber zu anspruchslos darf's dann bitte auch nicht sein, sonst wird es billig, erbärmlich, uninteressant. Das Überangebot führt zum Untergefühl.

»Wer dem Unglück ausweicht, wird auch dem Glück nie begegnen«

Aber manchmal muss man auch trotz Enttäuschungen am Ball bleiben, nicht sofort weglaufen, nur weil es nicht perfekt war. »Er hatte die falschen Schnürsenkel an!« »Ich steh nicht auf Vegetarier.« »Sie war nicht die Frau fürs Leben!« Geht's auch eine Nummer kleiner? Abwarten, Chance geben. Ja, es ist gut, dass man heute nicht auf Gedeih und Verderb zusammenbleiben muss. Aber wer zu rasch die Flinte ins Korn wirft, verpasst vielleicht den besten Schuss. »Das Glück kommt leise«, heißt es. »Aber man hört, wenn es geht.«

Warum es sich lohnt, für die Liebe Risiken einzugehen

»Wenn ich zwischen zwei Übeln entscheiden muss, wähle ich das, was ich noch nicht ausprobiert habe.« (Mae West)

Wie recht sie hat! Die Freude am Übel, am Verbotenen, an Risiko, Gefahr, Neugier. Der Reiz des Neuen, des Unbekannten. Da fällt mir vor allem die Gefühlswelt ein, das Verliebtsein, das uns vom wahren Leben ablenkt, von misslungener Politik, von Steuererklärungen, von Attentaten, von Gewalt, von Renten und Lebensversicherungen, von Putzmitteln und Einkaufslisten, vom Funktionieren. Die Liebe ist kein Termin. Wenn du frisch verliebt bist, wird selbst der gemeinsame Besuch bei der Post romantisch. Du klebst dir gegenseitig Briefmarken auf den Körper und stempelst deine Arme blau und rot – das Belanglose verwandelt sich in das Zauberhafte. Auch ein Rewe-Regal kann bei Neonlicht plötzlich romantischer sein als der Comer See. Gouda statt Rosen. Leberwurst statt Geigen. Das Kühlregal ist alles andere als kühl und die Kartoffeln scheinen zu singen, die Küchenpapierrolle faltet Origamischwäne, die Tiefkühlpizza duftet und die Glühbirnen leuchten. »Frau Krause an Kasse 3, bitte!«, wird dein Klingelton.

»Wenn der Mensch verliebt ist, zeigt er sich so, wie er immer sein sollte.« (Simone de Beauvoir)

Sind wir heute noch bereit, zu riskieren?

Zur Realität hab ich in diesem Zustand nur sporadisch Kontakt. Aber wie sehr sind wir heute noch bereit, viel zu riskieren? Risk Management gibt es inzwischen in jeder Firma. Aber sucht man deshalb auch das Risk Management in der Liebe? Tinder als Absicherung vorm Alleinsein: Lieber ein Date mit hoher Erfolgswahrscheinlichkeit übers Internet als ein Korb im wahren Leben? Eine Versicherung gegen Herzbruch? Aber das Herz kann nicht brechen. Es ist ein Muskel.

Jeder Mensch ist gern verliebt – auch wenn es oft Folter sein kann. Wenn die Folter gut läuft, ist sie anfangs ein Spiel. Und wer mag das nicht: Rätsel, Sudoku, Mensch ärgere Dich nicht, Puzzle? Wenn's schlecht läuft, ist dir den ganzen Tag übel und du hast hoffentlich irgendwann alle Schmetterlinge erfolgreich wieder ausgekotzt. »Führe mich nicht in Versuchung – ich finde den Weg allein.«

Viele Freunde sagen mir, dass sie diese Spielchen anstrengend finden. Wenn man sich sehen will und sich mag, soll man sich verdammt noch mal sehen. Und wenn nicht, dann eben nicht. Das Problem ist natürlich die Asymmetrie, die Ungleichheit oder Ungleichzeitigkeit. Der eine hat beschwippst Sehnsucht, während der andere schon schläft. Man ist in verschiedenen Zeitzonen. Doof. Und selbst wenn zunächst alles gut läuft, kannst du unendlich viel falsch machen: Flirtest du mit zu vielen Kerlen, läuft der Typ weg aus Selbstschutz. Flirtest du zu wenig, fühlt er sich eingeengt. Bist du zu lieb, nutzt er es womöglich aus. Bist du zu hart, schimpft er dich als Eiszapfen. Andererseits: Wenn es stimmt, kannst du absolut GAR NICHTS falsch machen. Dann ist selbst dein Stolpern hinreißend, dein Fleck auf der

Hose bezaubernd und dein Salatblatt im Zahn liebenswert. Deine Ausraster sind leidenschaftlich. Deine vielen SMS sind Hingabe. Du kannst niemanden verjagen, den du längst erlegt hast.

Ich glaube zwar nicht an »den Richtigen, den Einen«. Ich glaube an das richtige Gefühl. An den einen Moment. Hätte ich mich auch in jemand anderen verlieben können? Gewiss. Aber vielleicht sind wir in der Liebe heute auch zu sehr wie beim Onlineshopping: rasch begeistert, kurzerhand bestellt, ausprobiert, begutachtet, gewöhnt, gelangweilt, aussortiert, weiter versteigert oder weggeworfen. Das Haltbarkeitsdatum ist schnell überschritten. Es ist wie mit der Technik, jedes Jahr ein neues iPhone, eine neue Serie, alles wird überholt, weiterentwickelt, eine neue Generation kommt auf den Markt, noch kleiner, dünner, leichter. Überangebot. Choice overload. Festlegen? Langweilig. Aber der Partner existiert doch nicht zur Unterhaltung; er muss uns nicht ständig guttun. Wir fordern von ihm, ein Wellness-Center mit 3D-Kino zu sein, wir suchen den Spa-Bereich, in dem man auf Ketamin Fallschirm springen kann.

Lieber unglücklich verliebt als gar nicht?

Neulich sagte eine Freundin zu mir, sie sei lieber »unglücklich verliebt als gar nicht verliebt«. Ja, vielleicht ist selbst Liebeskummer ein Privileg. Vielleicht sollte man dankbar sein, dass man überhaupt Zeit hat für so ein Luxusproblem wie die unglückliche, die unvollendete, die gescheiterte, die unerwiderte, die ungelebte Liebe. Und vielleicht ist es letztlich noch schlimmer, wenn der Liebeskummer vergeht, weil dann alles weg ist – auch das Leid und die Träume. Wer glücklich ist, fühlt. Wer unglücklich ist, denkt.

»Die Vernünftigen existieren, die Unvernünftigen leben.«
(Michel Piccoli)

Ich war immer Gefühlsjunkie. Es geht ja nicht darum, nie zu scheitern. Es geht darum, wieder aufzustehen. Ja, man lebt nur einmal. »Und wenn du's richtig machst, ist ein Mal genug!«

Selbstvermarktung – warum es sich nicht lohnt, sich für ein Date akribisch vorzubereiten

Das Leben ist eine Dauerwerbesendung. Wir vermarkten unser Produkt ICH am Arbeitsplatz, auf Dates, auf Instagram und Whatsapp, auf Twitter, Linkedin, Snapchat, bei Wohnungsbesichtigungen, Tischreservierungen im Restaurant und auf der Suche nach Kindergartenplätzen. Selbst eine Taxifahrt wird zum Bewerbungsgespräch. Neulich wurde ich nachts bei Regen von mindestens fünf vorbeifahrenden Taxis ignoriert. Einer hielt kurz, brauste dann aber weiter und hinterließ noch einen Spritzer auf meinen Wildlederstiefeln, nachdem ich ihm durch den minimalst geöffneten Fensterspalt meine Adresse zugerufen hatte. Inzwischen muss man sich selbst beim Wasserspender anbiedern, bis was rauskommt ...

Letzte Woche war ich bei einer Kindergartenbesichtigung: die Menschen hatten nicht nur vegan gebacken – es gab auch Harfen und Posaunen als Spende, eine neue Schaukel für den Spielplatz und eine aus Marmor gefertigte Statue mit dem Konterfei der Kindergartenleiterin. Die Bewerbungsunterlagen waren auf umweltfreundlichem Papier handschriftlich per Post eingereicht worden – natürlich mit einer Briefmarke des eigenen Unternehmens. Mütter trugen ihre Bundesverdienstkreuze, Auszeichnungen, Pokale als Anstecker/Handtasche/Accessoire mit sich herum. Väter waren

Mitglieder in Aufsichtsräten, Fußballclubs, karitativen Einrichtungen, politischen Parteien ... Ich war nicht mal Mitglied bei Miles and More!

Zwei Tage Urlaub vor einem Date

Aber auch Dates wollen heutzutage akribisch vorbereitet sein! Eigentlich müssten Sie zwei Tage Urlaub nehmen, damit Sie alle Haut-, Haar-, Körper- und Gesichtspflegetermine wahrnehmen können, um Ihrem Profilbild auch nur annähernd zu ähneln. Mindestens acht Stunden Sport treiben, sollten Sie auch noch, bevor Sie den Angebeteten treffen. Immerhin hat er Sie bisher nur mit Filter gesehen! Aber wie nimmt man innerhalb von 24 Stunden vier Kilo und drei Jahre ab? Eigentlich müsste man so eine Art mobile Filtermaschine erfinden, damit der Schock beim ersten Treffen nicht so groß ist. Ich stelle mir so eine portable Nebelmaschine vor (Sie kennen die großen Dinger noch aus Diskotheken, von Musicals oder aus Geisterbahnen) – vielleicht als App und mit dampfendem Smartphone? Oder in Form einer kleinen Kapsel, die man auf den Boden wirft, sodass sie zerschellt und dann steht man für zwei Stunden im Diskonebel. Unreine Haut? Zumindest bei wolkiger Sicht nicht bemerkbar ... Sie könnten sich aber auch in einem sehr dunklen, sehr verrauchten Etablissement treffen. Bloß kein Tageslicht, kein Neonlicht, kein Licht von oben (für die Gesichtsform)! Kein Orange – dann wirkt ihre Haut immer pustelig. Aber auch bitte keine Location auswählen, in der es nach Fritteuse oder Imbiss stinkt. Schlechter Geruch kann dann leicht mit Ihnen assoziiert werden. Also Pommes, Tempura, vietnamesischen Hot Pot meiden! Auch ein bayrisches Gasthaus oder das Oktoberfest eignen sich nicht besonders: Schweiß, Radieschen, Bier und Obazda – Watsche statt Versace.

Damit Sie flexibel sind, sollten Sie auf jeden Fall im Büro Ihr Badezimmer einmal duplizieren – für spontane Rendezvous-Anfragen. Und googeln Sie bloß nicht: »Darf ich auf Antibiotika saufen?« an einem Computer im Besprechungsraum. Ihre letzten Anfragen SIND im Verlauf sichtbar …

Meine Freundin machte neulich sogar extra einen ganzen Tag »Home Office« – bloß weil sie abends mit einem Typen verabredet war, den sie im Internet kennengelernt hatte. Sie marschierte also zum Waxing, trank irgendwelche grünen Säfte (wobei auch die eine Diarrhoe-Gefahr beim Date bergen – also nichts Verdauungsförderndes innerhalb der letzten 36 Stunden vor dem Treffen), machte sich einen Pediküre- und Maniküre-Termin und war dann noch rasch zum Föhnen und Frisieren beim Coiffeur. Zum Sport kam sie nicht mehr, weil sie die siebzehn verschiedenen Kleider, die sie anprobiert hatte, alle wieder bügeln und aufhängen musste, nachdem sie die Teile hektisch aus dem Schrank gerissen, auf dem Bett ausgebreitet und zerwühlt hatte (zwei Kleider musste sie sogar komplett neu waschen, weil sie Make-up-Flecken an den Kragen geschmiert hatte).

Es verlieben sich die Menschen in uns,
um die wir uns nicht bemühen

Auch um eine farblich und größlich passende Strumpfhose zu finden, sollten Sie 45-60 Minuten einplanen. Während des Auswahlprozesses (laufmaschenfrei, kein Einschneiden am Bauch, kein Hautton wie ein Cornflake) trug sie eine neue Gesichtsmaske auf (preislich waren wir übrigens mit allen Pflegeterminen und Produkten bereits bei 339 Euro angekommen), auf die sie allerdings binnen weniger Minuten mit einer allergischen Reaktion antwortete. Ihr Gesicht sah aus wie Masern, Mumps und Windpocken auf einmal, die Haut glich dem sich ausdehnenden Innenleben einer Lavalampe. Nein, einer ledernen Handtasche, auf die sich jemand gesetzt hatte – Knautsch statt Knutsch. Oder einer Erdbeere, die sehr lange in der Sonne lag. Ihre Mitbewohnerin fragte sie, ob sie sehr lange geweint habe (Nase, Wangen und Oberlippe rot gefleckt und vulkanisiert) und woher sie »all die Mückenstiche« im Gesicht habe. Meine Freundin sagte das Date ab und verbrachte den Abend schließlich mit perfekten Nägeln und gelockten Haaren in Jogginghose und Sweatshirt mit Netflix.

Deshalb verlieben sich also immer die Menschen in uns, um die wir uns gar nicht bemühen!

Warum zum Jungsein und der Liebe auch das Trinken gehört

Gott, was hätte aus mir werden können, wenn ich nicht so ein hungriges Herz gehabt hätte! Jede Ablenkung war mir willkommen, Flirten ist ja auch leichter als Fechten, Chatten billiger als eine Cello-Stunde, Google-Fotos des Angebotenen sind schneller abrufbar als die Nachrichten des Tages! Ja, ich wäre vermutlich ohne Liebe und Laster eine begnadete Harfenspielerin oder Eiskunstläuferin oder sogar Ministerpräsidentin geworden – wobei uns Jugendlichen der Zugang zu Kultur und Politik nicht wirklich schmackhaft gemacht wurde. Es war irgendwie cooler, irgendwas mit Medien zu machen.

Kafka ist keine türkische Frikadelle

Schade, denn wir brauchen gute Vorbilder, Politiker, Menschen, die was verändern und bewegen wollen. Die nicht nur zur Wahl gehen, sondern sich der Wahl stellen. Menschen, die noch Zeitung lesen statt Youtube-Videos als Informationsquelle zu nutzen. Menschen, die wissen, dass Kafka keine türkische Frikadelle ist und die Van Gogh nicht für eine Marihuana-Sorte halten oder Caravaggio für einen italienischen Modedesigner. Edward Hopper ist nicht Edward mit den Scherenhänden und auch keine Jeansmarke.

Wir suchen aber häufig das Stumpfe. Wir suchen das Gift, das Ungesunde, die Zigarette und den Liebesrausch. Ich habe nur mein Herz fortgebildet – und hätte manches lieber nicht gelernt.

Rebound mit Jim Beam

Haben wir Zeit vertrödelt? Oder gehört das Trinken und Vergiften mit zum Jungsein? Früher, als Studentin, las ich jeden Morgen eine Tageszeitung – auf Papier. Heute wache ich auf und checke meine Handynachrichten. Und mittags lernte ich. Und abends trank ich – manchmal. Und wenn ich trank, hatte ich immer ein Motiv. Das Motiv hieß Carl oder Stephan. Oder das Motiv war ich selbst: »Wie werde ich mich los – in zehn Schnäpsen?«. Ja, manchmal wollte ich mich loswerden. Oder eben Carl. Carl war aber nicht allein durch einen wie Jim (Beam) loszuwerden. Man brauchte am besten einen Ersatz-Mann, den sogenannten »rebound«. »*Rebound – second best, just some person you use to get over the person you just broke up with. They'll never be enough but they can be an okay distraction.*«

»Du musst dich wieder selbst finden.« Manchmal würde ich mich lieber nicht finden. Ich zahl jedenfalls keinen Finderlohn.

Hauptsache: Bar

Wir trinken auch aus anderen Motiven. Häufig wollen wir wach werden, manchmal müde. Mit Leib und Kehle. Den Moment des Einschlafens verpassen. Liebe und Alkohol – die zwei besten Treibmittel für den freudigen Selbstzerstörer. Sie wollen sich quälen und suchen Inspiration? Trinken Sie! Durcheinander. Und belügen Sie sich selbst, wenn es um unerreichbare, hoffnungslose Liebschaften geht! Er will Sie nicht wiedersehen? Inszenieren Sie ein zufälliges Treffen, indem Sie ihm vor seinem Büro auflauern. Warten Sie draußen. Lange. Setzen Sie sich auf die Stufen mit einer Zeitung und einer Flasche Wein und lungern Sie herum, bis er herauskommt.

Irgendwann wird er ja mal Feierabend haben – auch wenn er auf Ihre letzten acht Nachrichten nicht geantwortet hat. Er WILL Sie. Er ist nur »busy«. Wir halten den Menschen für veränderbar, uns für unbesiegbar, unbetrinkbar. Hauptsache: Bar. Genauso wie wir Champagner und Prosecco für belebend halten, »ich brauche das für den kreativen Prozess«, wir halten Zurückweisung für ein »Spielchen«, wir würdigen unseren Averna und Grappa nach dem Essen, »das hilft der Verdauung«, wir trinken oft gegen irgendetwas an, gegen die Zeit, gegen die Schmerzen, gegen die Schmerzlosigkeit, die Taubheit, gegen das fette Essen, gegen den Hunger, gegen den Schlaf, gegen die Schlaflosigkeit.

Keine Lösung

Ja, die Selbstzerstörung. Die Sehnsucht nach dem eigenen Abgrund, an dem Selbstliebe und Selbsthass sich treffen. Dabei sollen wir doch AUF etwas trinken! Heute trinke ich auf: Frieden, soziales Engagement, Sicherheit, Freude an Bildung, mehr Bewusstsein, Verständnis, Zusammenhalt und mehr Begeisterung für die Zukunftsgestaltung. Kein Alkohol ist auch keine Lösung! Und nicht wählen gehen ist auch keine Lösung.

Und keine Liebe ist auch keine Lösung.

Mit dieser Nachricht werden Sie Ihren Angebeteten auf keinen Fall wiedersehen – versprochen!

Dates heute sind oft wie Meetings: ergebnislos, emotionslos, manchmal sogar brutal, anstandslos oder einfach langweilig. Die Teilnehmer häufig austauschbar. Meistens geben wir uns kaum noch Mühe, wir finden das ganze Hollywood-Gehabe albern, chatten lieber auf dem Handy mit Freunden, schauen Netflix und lernen sowieso NIIIIIE die große Liebe kennen ... Ganz selten treffen wir jemanden, der uns tatsächlich gefällt – und mit dem wird es dann auch oft viel zu schnell kompliziert, unausgewogen. Entweder wir werden vergöttert und langweilen uns – oder wir werden nicht vergöttert und ärgern uns. Dann gibt es natürlich noch die ganzen Freundinnen, die uns einreden, wir sollten uns nicht von Männern abhängig machen, weil wir Frauen das jahrhundertelang getan hätten (und seit #metoo ist der Mann genauso verpönt wie Legebatterien) – nein, wir seien auch ohne Mann vollständig. Aber reicht uns ein Leben ohne Liebe, ohne Romantik? Und warum sollte es?

Meine Freundin lernte letzte Woche endlich einen Mann kennen, der ihr wirklich gefiel, er war lustig, aufmerksam und nicht vollkommen plump. Vor lauter Euphorie und Dankbarkeit knutschte sie auch sofort mit ihm und sie tauschten Telefonnummern aus. Was dann geschah, war jedoch weder lustig noch aufmerksam – denn: Er meldete sich nicht. Und das, obwohl sie sooo ein gutes Gefühl hatte, obwohl er soooo süß zu ihr gewesen war. Verdammtes Dating, Tinder, Generation Y, Beziehungsunfähigkeit, Überdruss, Überangebot. Also meldete sie sich. Mit folgender Nachricht:

»Hallo.
Ich bin mir sicher, du hattest bis jetzt einfach nicht den Mut, mir zu schreiben – verstehe ich! Gar kein Problem, das mach ich jetzt. Du hättest mich wohl gerne dieses Wochenende zu einem schönen Abendessen ausgeführt ... ich weiß. Genau aus diesem Grund habe ich mir überlegt – um dir den Spaß nicht zu verderben –, die Sache selbst in die Hand zu nehmen ... Unser junges Glück kann und DARF nicht scheitern an deiner Mutlosigkeit und deinem Mangel an Spontaneität. Was ein Glück, dass du an MICH geraten bist, ich weiß deine Defizite wunderbar zu kompensieren.

Ich habe für morgen, übermorgen, Donnerstag, Freitag und auch Samstag einen Tisch im Bistro Jean reserviert (Da ich nicht blöd bin, natürlich für jeden Tag unter einem anderen Namen: »Herr Hallmackenreuter«, »Herr Klops«, »Herr Mops«, »Herr Hops« und »Herr Bimbam« etc.) – ist keinem aufgefallen. Und natürlich habe ich mitgedacht ... Für den Fall, dass du im Bistro Jean schon warst (dich ein zweiter Besuch also langweilen würde), du Franzosen nicht magst oder einfach nicht auf Jakobsmuscheln stehst (ich habe mich erkundigt, es gibt in jedem Menü Jakobsmuscheln), habe ich vorsorglich auch im Ivory Club (indisch), im Moriki (japanisch) und im Extrablatt (weil billiger) sowie im Wagner (Schnitzel) einen Tisch reserviert, für jeden Tag dieser Woche. Oft habe ich auch morgens Zeit, im Café Karin ist also

119

auch ein Tisch reserviert. Solltest du immer noch nicht den Mut aufbringen, dich bei mir zu melden, aber dennoch wahnsinnig Lust auf Jakobsmuscheln haben, warte ich vorsorglich im Bistro Jean morgen um 20 Uhr auf dich. Wenn Du nicht aufkreuzt, weiß ich, dass du keine Jakobsmuscheln magst, ich gehe dann ins Wagner. Schnitzel! Gleichzeitig weiß ich, wie vielbeschäftigt du bist ... Vielleicht hast du also morgen gar keine Zeit oder bist nicht in Frankfurt. Für diesen Fall könntest du mir erstens Bescheid sagen, zweitens am Mittwoch um 20 Uhr in den Ivory Club kommen oder mir ein Flugticket in den Briefkasten werfen, ich komme dann zu dir. Du siehst also, ich bin nicht nur unglaublich flexibel, sondern auch spontan ... Außerdem kannst du dieser E-Mail entnehmen, dass ich keine Flugangst habe und Jakobsmuscheln mag. So, ich muss los ... Wir sehen uns die Tage.«

Der Angebetete meldete sich nie wieder bei ihr. Vielleicht war ihm die Auswahl zu groß oder er war Veganer und die Jakobsmuscheln haben ihn verschreckt. Falls er das also liest, möge er sich bitte bei ihr melden. Sie ist auch gar nicht böse und wartet heute ohne Jakobsmuscheln und dafür mit einer Portion Hirse im Extrablatt. Prost!

Sie wurden gecockblockt? Das können Sie dagegen tun

Wurde Ihnen schon mal so richtig die Tour vermasselt? Im Englischen gibt es das Wort »cockblocker« – nein, das ist kein Blockbuster und auch kein Anti-Virus-Programm für den Computer. Es bedeutet, dass jemand sich Ihrer vielversprechenden Aussicht auf Sex erfolgreich in den Weg stellt. Eine Art Bumsbremse, ein Spielverderber.

Sie sitzen ganz selig angeschwipst mit Ihrem Date an der Bar, als sich plötzlich eine Freundin dazugesellt, die einfach nicht kapiert, dass Sie lieber mit Jens allein sein wollen. Die Freundin erzählt von ihrer Mexiko-Reise und wie sie sich dabei den Magen verdorben hat. »Es kam alles oben und unten gleichzeitig raus ...« Das eben noch so sexy anmutende Gespräch nimmt eine schrecklich unerotische Wendung. Sie werden nicht mehr zum Zug kommen, fürchten Sie. Vielleicht verschwindet die Freundin ja irgendwann mal aufs Klo. Aber sie scheint mit einer starken Blase gesegnet zu sein oder zu viel Granufink, Cranberries und Kürbiskerne konsumiert zu haben – es zeichnet sich keinerlei Bedürfnis ab, die Keramik-Abteilung zu besuchen. Sie schenken sich nach. Sie schenken ihr nach. Trink, Mädchen, trink (und geh doch IRGENDWANN mal Pipi machen). Bald ist Ihre Freundin so betrunken, dass sie mit offenem Mund an Jens' Schulter einschläft. Sie müssen die Freundin wecken, sie ins

Taxi schleifen, zerren oder schleppen und eigentlich auch mitfahren, sonst wirken Sie ja auch vor Jens wie ein egoistisches Biest. »Ach, die schafft das schon allein«, winken Sie noch ab, aber da fällt die Freundin auch schon hin und liegt als Haufen vor dem Taxi. Jens, der Verständnisvolle – kotz – merkt sogar noch an, dass Sie »ruhig fahren können«. Was sollen Sie da noch erwidern? »Nein, danke. Ich will lieber mit dir vögeln, Jens. Aber ich bin eigentlich echt total die liebevolle, fürsorgliche Freundin und ein guter Mensch?«

Sie wurden gecockblockt

Sie könnten natürlich auch der Freundin einfach 20 Euro in die Hand drücken und sie ihrem Schicksal überlassen. Worüber Sie kurz nachdenken. Bis Ihre Freundin sich versehentlich beim Taxifahrer auf den Schoß setzt. Es hilft nix – Sie müssen mit!. Jens bleibt jenslich unberührt. Und Sie? Was sollen Sie der Freundin vorwerfen? Immerhin gibt es keine festen Regeln, was das »In-ein-Gespräch-Hineinplatzen« betrifft. Außerdem: vielleicht wäre Jens ja ein ganz miserabler Liebhaber gewesen oder hätte Sie nach dem Sex nie wieder angerufen? Und dann sollten Sie Ihrer Freundin eigentlich dankbar sein, dass sie Sie vor diesem Unheil bewahrt hat. Vielleicht hätte Jens auch eine ganz hässliche Wohnung gehabt mit einem Wasserbett und Frottee-Bettwäsche ... Es ist, wie es ist: Sie wurden gecockblockt.

Eigentlich trotzdem schon wieder sexistisch, dass der Begriff »cockblocking« heißt – das Wort also zunächst antizipiert, dass der Mann davon betroffen ist. Sein Ding, sein Cock, sein Geschlechtsteil kommt nicht zum Zuge, ist geblockt. »Schwanzsperre« wäre das dann auf Deutsch? Aber es gibt auch durchaus, wie wir gerade gesehen haben, Frauen unter den Opfern. Das kann sich die Sprache vielleicht wieder nicht vorstellen. Außerdem gibt es ja so wenig brauchbare Begriffe für das weibliche Geschlechtsteil ... Viele davon werden gern als Schimpfwort (F...) benutzt. Andere (Vulva, Vagina) schlicht falsch verwendet. »Muschimauer« wäre dann auch irgendwie seltsam ...

Und warum hat die englische Sprache für alles rund um Dates, Liebe, Flirts und Spielereien einfach die viel prägnanteren, bildlicheren Begriffe als das ach so poetisch Deutsche? Ghosting, Sexting, Stalking, Submarining usw.

Legen Sie los!

Was tun, wenn die Sozialkompetenz im Freundeskreis nicht ausreicht? Wenn Bekannte nicht merken, dass sie stören? Dürfen Sie etwas sagen oder müssen Sie stillschweigend hinnehmen, dass der Traum vom Nacktsein geplatzt ist?

Wahrheit, so wissen wir, hat einen hohen Stellenwert in der Gesellschaft. Also sagen Sie Ihrer Freundin ruhig, dass sie stört. Nur wie, wenn der Angebetete direkt danebensitzt? Vielleicht schicken Sie einfach eine Whatsapp: »Bitte hau ab, ich mach grad den Typen klar« an Ihre Freundin. Blöd wäre nur, wenn Jens sich dann im weiteren Verlauf des Abends so viele Wodkashots reinknallte, dass Sie ihn zum Taxi tragen müssten. Dann hätte er sich selbst ge-cockblocked. Es ist nicht so leicht, den richtigen Augenblick zu erwischen ... Also legen Sie los!

Hammer gegen Lockenstab: Warum man beim ersten Date keine Experimente wagen sollte.

Selbstoptimierung ist nicht immer schlecht, Experimente vor wichtigen Auftritten oder auch Rendezvous können jedoch unerwünschte Folgen haben.

Ich habe mal versucht, mich für ein Date so richtig aufzubrezeln. Also testete ich ein neues Haarprodukt (Tipp: NEUE Produkte immer vorher mindestens drei Mal ausprobieren!): einen Lockenstab! Es handelte sich um eine Bürste, die gleichzeitig ein Föhn war, einen aufgeheizten Lockenwickler mit Blasefunktion (es bläst und saugt der Heinzelmann, wo Mutti sonst nur blasen kann). Man musste nur Strähne um Strähne auf die Plastikbürste wickeln und wieder ausdrehen! Ruckzuck, im Handumdrehen zur Lockenpracht.

Also rollte ich mein langes Haar auf den Stab und knipste die Föhnfunktion an. Es blies mir sehr heiß ins Gesicht und ich bekam leichte Rötungen auf der linken Wange. Aber das würde bis zum Date in zwei Stunden wieder abkühlen. Als ich allerdings versuchte, den Wickler wieder auszudrehen, verhedderten sich meine Haare in den Zähnen der Bürste und der Stab ließ sich weder nach oben noch nach unten ziehen. Einer zog übers Kuckucksnest! Der Strauch auf meinem Kopf wurde größer und knäueliger. Ich begann zu schwitzen, gleich würde ich erneut duschen müssen.

Hammerfrisur

Ich wurde immer hektischer, als ich im Spiegel sah, dass die Hälfte meiner Haare in dem Lockenstab gefangen war, während die andere Hälfe vollkommen volumenlos und glatt an mir herunterhing. Da kam mir eine Idee! Der Hammer! Ich könnte den Hammer aus dem Werkzeugkasten holen und das gesamte Plastikding, das mir aus dem Kopf ragte, einfach zertrümmern. Stab samt Bürste zerschmettern und mich so von der Kopfdekoration befreien.

Der Stab schien in meinem Kopf zu stecken wie das Messer eines Halloweenkostüms – fehlte nur noch das Blut, wobei meine Kopfhaut bereits sehr gerötet und gereizt war. Ich kniete also auf der Treppe vor unserer Haustür, legte das Kopfungetüm auf eine der Stufen (schließlich brauchte ich einen robusten, erhöhten Untergrund und ich wollte meine Küchenstühle nicht zertrümmern) und prügelte mit dem Hammer auf den mit meinen Haaren verwobenen Lockenstab ein. Ohne Erfolg! Von wegen »made in Taiwan« – das war höchste Qualitätsstufe. MADE IN HELL! Unzerstörbar. Die würde jeden Klettbewerb gewinnen.

Made in hell

Also schlug ich weiter, aber nichts geschah. Meine Nachbarin und ein paar ihrer Freundinnen kamen mit ein paar Einkaufstüten gerade nach Hause – offenbar zu einem Sektabend –, als ich mit dem Hammer auf meine Haare kloppte. Hör mal, wer da hämmert. Die Mädels stiegen einfach über mich und kicherten. Ich gab es auf und versuchte, die Haare einfach einzeln auszureißen. Es war an der Zeit loszulassen. »Wir müssen jetzt ein paar Mann aufgeben«, wie im Krieg.

Ich rupfte und riss mir schließlich unter Tränen des Schmerzes ein paar Strähnen aus. Vielleicht hätte ich diese Aktivität allerdings vorm Spiegel ausüben sollen, denn als ich im Badezimmer war, sah ich, dass ich nicht wenige »gesunde« Haare, die überhaupt nicht in der Bürste verwickelt gewesen waren, ausgerissen hatte. Ich hatte mir die Haare einfach aus dem Kopf gezogen statt aus dem Stab. An der Stelle hatte sich eine kleine Glatze gebildet, kreisrund, die ich wie ein Greis mit Pomade zu überkämmen versuchte, indem ich die wenigen verbleibenden Strähnen von links nach rechts darüber legte. Ich gab auf. Aus Eitelkeit sagte ich das Date ab.

Keine Experimente

Der Typ hat sich dann wirklich noch ganz oft bei mir gemeldet. Willst du was gelten, mach dich selten. Rarität, Haarität ...

Seither verwende ich nur als »bekannt und bewährt« getestete Produkte vor Verabredungen. Und trage meist einen Pferdeschwanz. Das Leben ist kein Ponyhof!

Liebe ist kein Kitsch!

Oscar Wilde sagte bereits: »In dieser Welt gibt es nur zwei Tragödien. Die eine ist, nicht zu bekommen, was man möchte, und die andere ist, es zu bekommen.«

Liebe gilt schnell als kitschig, als banal. Liebe ist was für Schlager, für Blumenläden, für Zitate auf Pralinenschachteln. Liebe ist zu einfach. Und zu schwer. Wer liebt, hat irgendwie nicht genau hingeschaut, nicht richtig nachgedacht, irgendeinen Fehler übersehen. Wer ist denn so schwachsinnig, sich heute noch zu verlieben? Es gibt ja ein viel zu großes Angebot da draußen – dank Tinder, Parship, Match usw. – und außerdem erzeugt das Festlegen auch viel zu viel Verwundbarkeit. Je mehr Auswahl wir haben, desto unglücklicher sind wir. Denn je größer die Auswahl, desto größer ist auch die »vorweggenommene Reue« einer falschen Entscheidung. Wer machen kann, was er will, muss auch etwas machen. Aber dazu muss man zunächst einmal überhaupt etwas wollen! Und wie soll man jemanden wollen, der eine gelbe Cordweste trägt? Oder jemanden, der zu laut kaut beim Essen? Oder jemanden, der Mario-Barth-Bettwäsche hat?

Dank Hollywood haben wir vollkommen unrealistische Erwartungen an den einen Menschen, an die Liebe an sich. Dein Typ hat Ohrenschmalz? Pierce Brosnan hatte nie Ohrenschmalz. Dein Aufriss hat rote Pusteln auf dem Bauch? Julia Roberts hatte nie Ausschlag.

Die Realität ist leider manchmal doch nur einen Ausschlag entfernt: Jemanden haben zu können, entzaubert ihn auch. Ist das ständige Wechseln also nur Beschäftigungstherapie, nur Ablenkungsmanöver, damit wir uns nicht eingestehen müssen, dass wir eigentlich zu wenig fühlen? Wir schaffen uns Problemchen, kleine Techtelmechtels, Affären, unter denen wir ein bisschen leiden, die uns aber nicht töten, die uns nicht wirklich nahegehen. So sind wir immer okkupiert, immer beschäftigt und begehrt. Aber der beste Kuss kommt eben doch nur von dem einen bestimmten Menschen – dazu muss er keine von uns erstellte Wunschliste erfüllen, keine Merkmale aufweisen in unseren eigens aufgestellten Suchmaschinen. Der Kuss an der Dönerbude kann mehr wert sein als der Kuss in einer Gondel von Venedig. Ohne Gefühl nützt auch der Eiffelturm nix! Dann lieber intensiv an der Autobahnraststätte mit demjenigen rumknutschen, den man wirklich toll findet.

Warum verlieben wir uns so selten?

Emotionale Erfahrungen beeinflussen unsere Entscheidungsfindung: je nachdem, welche Erlebnisse wir mit einem Menschen eines ähnlichen Typs gemacht haben. Diese sogenannten somatischen Marker bestimmen, ob wir jemanden begehren. Dann wird dieses Bindungshormon Oxytocin ausgeschüttet, das auch beim Sex freigesetzt wird. Angeblich spüren wir dadurch nach dem Beischlaf ein Gefühl der Verbundenheit. Manchmal habe ich das Gefühl, die Drüse ist bei mir zu. Bei uns allen.

Es muss eben auch immer die richtige Dosis sein. Die Nachricht: »Hey ho, muss meine Butze noch auf Vordermann bringen. Danach Bock auf'n Pils?« ist ebenso verkehrt wie nach dem ersten Date: »Meine schöne Blume. Ich will morgen mit dir nach Rom fliegen. Deine Aura ist so toll. Lass uns fliehen und für immer in Italien bleiben, Tickets liegen in deinem Briefkasten.« Woher weiß er, wo ich wohne? Datenschutz lässt grüßen. Und ich will auch gar nicht durchbrennen – schon gar nicht mit jemandem, den ich erst ein Mal gesehen habe.

Wenn die Liebe berechenbar wäre, wäre sie ebenso langweilig wie eine Exceltabelle. Aber Gott sei Dank gibt es noch keine Pillen, keine Medikamente für oder gegen Gefühle. Kein Oxytocin, das wir uns spritzen können oder auf das wir mit dem ersten Glas Wein als Kapsel schlucken, wenn wir jemanden treffen. Wir können auch niemanden damit besprühen, wir können die Liebe nicht lenken. Und das soll auch bitte so bleiben. Meinetwegen nennt mich kitschig.

Warum es heute zu wenig Sehnsucht gibt

Wann haben Sie zum letzten Mal gelogen? Es heißt, wenn man Männer fragt, mit wie vielen Frauen sie geschlafen haben, müsse man die Zahl durch drei teilen – und wenn man Frauen fragt, müsse man die Zahl mit drei multiplizieren.

Oft lügen wir, um geliebt zu werden. Manchmal lügen wir, um jemanden ins Bett zu bekommen – und manchmal sogar, um ihn wieder aus unserem Bett herauszukriegen. Ich habe einen Freund, der ein nächtliches Meeting erfunden hat, nur um mit seinem »One-Night-Stand« wieder sein eigenes Zuhause zu verlassen, in ein Taxi zu steigen, um den Block zu fahren und dann wieder vor seiner Haustür auszusteigen und sich allein ins Bett zu legen. Aber ist jede Unwahrheit wirklich gleich schlimm? Oft flunkern wir auch deshalb, um unser Gegenüber zu schonen. Oder sogar uns selbst.

Ich erzähle mir auch gern selbst Sachen. Gute Sachen (manchmal tagsüber, häufiger jedoch im Rausch, im Suff, dann ist mein Leben fantastisch, tschakka, ich kann tanzen und singen bis ich mich entweder selbst im Spiegel sehe und denke: »Mist, so gut wie du dich grad gefühlt hast, siehst du gar nicht aus.« Das Gesicht ist asymmetrisch und rot gefleckt oder irgendwie schief, picasso-esk oder bis am nächsten Morgen das Video von meinem Gesang in irgendeiner Whatsapp-Gruppe oder auf Facebook erscheint und ich sehr lange kalt duschen muss, um die Hitze der Scham aus meinem Gesicht zu spülen), und ich erzähle mir auch gern das Schlechte (vor allem nachts, NACH dem Suff oder Rausch, bei Depris, bei Dunkelheit an Sonntagen). »Ich bin halt so und so ...« Man kann sich seine eigene Wahrheit basteln. Und darin bin ich besser, als ich es je mit Pappe, Schere und Papier war. Ich habe ab der siebten Klasse Kunst abgewählt und lieber Physik beibehalten. Das sagt wohl alles. Nachts kommen sie, die Zweifel und die Monster aller Makel. Ganz selten begegnen einem nachts auch – vermeintlich – geniale Einfälle, die jedoch am nächsten Morgen eher banal sind. Ich habe nachts auch schon einige Liebesgedichte im Kopf geschrieben. Am nächsten Morgen war aber nur eine Metapher übrig wie »Du brennst wie barfuß auf Wüstensand«. Nicht genial, nicht gut, nicht tief. Gott sei Dank kann keiner diese Gedanken hören.

Billy Wilder fiel eines Nachts ein brillanter Plot für sein Drehbuch ein. Er schrieb die außergewöhnliche Idee für eine Handlung bei Dunkelheit auf einen Zettel und schlief glücklich ein. Am nächsten Morgen musste er auf seinem Zettel »boy meets girl« lesen. Wow. Noch nie dagewesen! Eine Romanze! Und das verfilmt! Am besten gleich ein Patent anmelden.

Wir planen zu viel

Aber zurück zum Verrücktmachen. Ich wollte immer gut darin sein, Männer nach mir verrückt zu machen. Am besten bin ich leider jedoch darin, mich selbst verrückt zu machen. Zum Beispiel wegen Whatsapp: Die Sache hat einen Haken. Und wenn da zwei Haken sind, aber keine Antwort, werde ich ganz unruhig, gar unglücklich. Jemand hat meine Nachricht gelesen und antwortet TROTZDEM nicht?! Was habe ich falsch gemacht, ich war doch lustig, charmant, wortwitzig, habe sogar ein Selfie mitgesendet ... Und der andere sieht es – und schaltet erst mal das Handy aus! Oder auf Flugmodus! Können zwei blaue Haken uns den Verstand rauben? Oder – fast noch schlimmer – wir sehen keine blauen Haken, nein, wir sehen nämlich, dass unsere spontane, süße, sexy Nachricht stundenlang NICHT gelesen wird. Ja, warum denn nicht in Allerherrgottsnamen?! Der ist doch sonst IMMER online, am Handy. Vögelt er seit drei Stunden? Hat er mich geblockt?

Und dann erscheint uns die Nachricht peinlich, aufdringlich, lächerlich. Versendet in einem Augenblick der Freude oder Sehnsucht, töricht. Aber wir können sie nicht zurücknehmen. Vielleicht ändert er jetzt ganz und gar seine Handynummer. Oder löscht Whatsapp sofort vom Handy, sobald er diese Nachricht liest. Zack, Papierkorb, App weg, Speicherplatz schaffen. Und ich lande mit Speicherplatsch auf dem Gesicht.

Die Fantasie geht mit mir durch. Ich checke also im Minutentakt, ob es einen Haken (oder vielmehr zwei) gibt. Manchmal scrolle ich auch aus Bedürftigkeit alle Chats hoch und runter und schaue, wem ich noch schreiben könnte. Nur für den Kick. Für die Bestätigung, wie das Kasperle, das fragt: »Seid ihr alle da?«

Wir planen nicht nur, WAS wir schicken, sondern auch WANN wir es schicken. Wir klären das vorab. Neulich schrieb mir eine Freundin, die sich frisch verknallt hatte: »Juhu. Er hat geantwortet, aber ich schreibe ihm erst Samstagabend wieder. Wenn ich unterwegs und angetrunken bin, kommt cooler.«

Ist das ein Spielchen oder schon verlogen? Wann sind wir denn echt? Und ist die Wahrheit nicht auch überbewertet? Muss ich meiner Freundin sagen, dass sie geizig ist? Will mein Kollege wirklich wissen, dass er nach Schweiß riecht? Es heißt immer, man soll ehrlich sein. Aber wie ehrlich ist noch höflich? Wir brüsten uns mit Aufrichtigkeit – aber laden nur die Last unseres Gewissens auf den anderen ab. Ich möchte manchmal angeschwindelt werden und schwindeln dürfen.

Ich will nicht alles wissen. Je weniger ich wusste, desto glücklicher war ich oft. Bei Gefühlen allemal. In einem Song von Coldplay heißt es »But one last time. Tell me you love me. If you don't – then lie. Lie to me.«

Ja! Und ich will auch von meinem Handy belogen werden und nicht diese blauen Haken sehen und ertragen. Haken, die mir die Zurückweisung vor Augen führen? Ach, was waren das noch für schöne Zeiten damals, als es nur SMS gab, bei denen man sich einreden konnte, der andere habe sein Handy verloren oder das Netz sei tagelang abgestürzt und einzig und allein deshalb habe man keine Antwort, kein Lebenszeichen erhalten. Vielleicht hatten auch Störche sich ein Vogelnest auf einer Antenne gebaut und der Mast war eingestürzt.

Heute gibt es zu wenig Sehnsucht. Wir sind ungeduldig. Alles muss sofort passieren. Man muss seine Ferienfotos nicht mehr entwickeln und darauf warten. Ich weiß noch, wie aufgeregt ich früher die Filmrolle von Fuji zum Fotoladen gebracht habe. Wie ich extra die letzten noch übrig gebliebenen Bilder verknipst habe, nur damit die Filmrolle in der

Kamera (mit 36 Schüssen) endlich zurückspulte (das waren dann Aufnahmen von meinem Colaglas mit Kippe drin oder einem Feuerlöscher).

Ich weiß noch, wie ich auf Pakete gewartet habe. Nunmehr kommt das, was ich heute im Internet bestelle, morgen an. Ich habe das Warten verlernt. Chatten muss schnell gehen. Fotos müssen sofort hochgeladen werden. Instagram. Instant Coffee, Instant Kiss. Essen wird geliefert. E-Mails werden auch am Wochenende beantwortet.

Ich finde Sehnsucht schön. Und ich finde es schön, an etwas zu glauben. Auch wenn es nicht unbedingt wahr ist.

Sellerie statt Onanie

Wann haben Sie zum letzten Mal etwas genossen? Ich meine nicht so einen raschen Vapiano-Salat am Mittag oder einen Matcha Latte to go mit Mandelmilch. Sondern die Freude an der Völlerei, an echter lasterhafter Lust. An allem, was man verschlingen kann. Das Einzige, was von den zwei schönsten aller Todsünden *Luxuria*, (auch Wollust, Ausschweifung, Genusssucht, Begehren) und *Gula* (Völlerei, Gefräßigkeit, Maßlosigkeit, Selbstsucht) noch übrig geblieben zu sein scheint, ist die Selbstsucht.

Einer Studie zufolge verbringen junge Frauen sechs Stunden pro Woche nur damit, sich für Selfies zu schminken, zu stylen und abzulichten. Was man in sechs Stunden so alles erleben könnte! Noch beunruhigender: Neulich habe ich gelesen, dass nur noch 67 Prozent der Deutschen sexuell aktiv sind. Das ergab eine Langzeitstudie der Uni Leipzig. Und: Mehr Paare zwischen 60 und 70 sind sexuell aktiv als junge Singles zwischen 20 und 30 – wie gut, dass ich schon über 30 bin. Junge Menschen leben ihre Sexualität scheinbar lieber im Internet aus. Echte Haut? Wie out!

Online wird das Image als sexy Sportskanone mit gestähltem Körper gepflegt #workout #healthylife #fitforfun #mygirlfriendishotterthanyours (but we never touch), Knutschmund, Duckface, Bikinipic. Alle twittern über die besten Detoxsuppen, Kokoswasser, kalt gepresste Basilikumselleriesäfte und veganes Essen – aber wozu ist der perfekte Körper da, wenn niemand ihn mehr anfasst? #nosex #fitbutunfucked #nocatchoftheday #zuschönumbeimbumsenzuschwitzen #vögelgrippestattvitaminC #weizengrasenstattblasen #selleriestattonanie #schlechtimbettabergutimleben. Es geht mehr ums Vorgaukeln, ums Vorspielen als ums Vorspiel.

Maßlos sind wir heute nur, wenn's ums Maßhalten geht
Wir kennen den Calciumgehalt von elf verschiedenen Wassersorten – aber Rouladen nur noch aus Omas Erzählungen. Ich habe einen Freund, der sich vier Wochen lang ausschließlich von Quark ernährt hat. Muskelaufbau durch Genussabbau. Es sei ihm nicht schwergefallen, so habe er sich »nicht so lange mit Essen beschäftigen müssen«, sagte er. Effizient – nur leider extrem ungesellig. Irgendwie schien sein Gehirn unter Eiweißschock zu stehen: Denn an was erfreut man sich bloß, wenn man eine Mahlzeit schon als Last, als Zeitraub versteht? Geht man auf Quarkparties und lästert über Laktose? Als er mit dem Quark endlich abgeschlossen hatte (und ich meine den Quark hier durchaus metaphorisch), aß er sechs weitere Wochen nur noch Eiweiß. Immun durch Huhn.

Auch Orthorektiker essen nur Gesundes und meiden Lebensmittel mit künstlichen Zusatzstoffen. Sie schlagen lieber eine Einladung zum Abendessen aus, weil sie sich vor Pizzen, Pommes oder Pfannkuchen dort fürchten. Zur Not nehmen Orthorektiker sogar ihre eigene Bio-Rohkost mit auf eine Party. Wer hat nicht gern eine Lauchstange, Kohlrabi oder ein paar Rote-Bete-Kugeln in der ökologisch wiederverwertbaren Handtasche aus Hafer?

Gut, nun kann man natürlich sagen, dass auch im Dünnsein ein gewisser Genuss liegt. Ich halte nichts von dem Irrglauben, dünne Menschen seien freudlos und spaßbefreit und die Dicken seien immer heitere Genießer. Es gibt auch dicke Langweiler. Und Lebensfreude kommt natürlich auch durch Sport und Aktivitäten. Sich wohlfühlen, schlank sein, gesund essen – alles toll! Aber ein paar Sünden und Vergehen sollte man trotzdem sammeln. Die Welt ist zu glatt. Es gibt zu viel Disziplin und zu wenig Mut für Adrenalin.

Wir trinken Spinat, statt ihn zu essen, uns fehlt der Biss, alles soll schnell und effizient gehen. Und Kauen dauert. Sex plus Vorspiel auch. Also lieber eine Mahlzeit schlürfen wie ein zahnloser Greis. Avocado statt Libido. Smoothie statt Schmusen. Und Sex ist auch nur ein weiteres »to do« geworden, kalt gepresst und nicht mal smooth? Immerhin zum Kindermachen (oft ohne Genuss, sondern nach sanftem Hinweis durch die Fruchtbarkeits-App) taugt der Sex noch. Ich habe eine Freundin, die bereits im dritten Schwangerschaftsmonat ganze vierzehn Babyratgeber gelesen hat. Alles wird zur Hausaufgabe. Die weiß mehr als ich. Und ich habe schon zwei Kinder. Und meine Kinder leben noch (was bei der Anzahl der Ratgeber, die ich in der Schwangerschaft gelesen habe – nämlich 0, gesprochen NULL – an ein Wunder grenzt).

Und dann die ganzen Zusatzpräparate! Wir trinken jeden Tag Brausetabletten: Aminosäuren, Bierhefe, Magnesium, schlucken Heilerde und Lachsöl-Omega-3-Fettsäure-Kapseln fürs Hirn, Biotin für Haut und Haar, Baldrian fürs Gemüt, Artischockenpillen für den Magen (wie soll's dem auch gehen nach lauter Eselsmilchhafertalern und Grünkernwürstchen?), Globuli und Schüßler-Salze. Und morgens nüchtern einen Liter angerührte Molkeproteine mit Weizengras trinken (Obacht: Wechselwirkungen mit Vergnügen und Schnitzeln sind bekannt! Am besten wirken die Präparate mit Grüntee, den kleine Meerschweine in einer Provinz in China gepflückt haben). Auf ein langes Leben! Abends unzerkaut. Von wegen Lutschen! Von wegen auf der Zunge zergehen lassen! Runter mit den Shakes, den Antioxidantien und dem Leben! Die Vitaminpillenpackungen stapeln sich auf unserem Nachttisch, leer gefressene Plastikhüllen, überall herumflatternde Packungsbeilagen und mitten in diesem Haufen liegt der Irrglaube, künstliche Vitaminpräparate aus der Fabrik könnten Sehnsucht heilen. Warum gibt es nicht eine Pille für alles? Auch für Sex? Bloß keine Zeit verlieren. Vielleicht kann man Orgasmen demnächst ja auch als Tabletten einwerfen.

»Lang leben will halt jeder – aber alt werden will kein Mensch!« Hat der weise Österreicher Johann Nestroy schon vor 200 Jahren erkannt. Sexy aussehen will auch jeder, echter Sex plus Gefühle macht zu viel Mühe. Wieder einmal geht es nur um den Schein. Können junge Menschen, die mit dem Internet aufgewachsen sind, Sex deshalb nicht mehr genießen, weil sie von Youporn und Co übersättigt sind? Normaler Beischlaf reicht nicht. Es muss was Exotisches sein! Etwas mit Anspruch und Kreativität. Jeder denkt, er sei schlecht im Bett, sobald er nicht den perfekten Körper und keine verrückten Vorlieben hat.

Leiden die 20- bis 30-Jährigen unter Lustkummer? Also ich hab lieber Glut im Herzen als glutenfreien Keks im Magen. Wer fasst denn lieber das iPad an statt eines echten

Menschen? Der Touchscreen will zwar auch berührt werden. Und dem muss man nichts erklären, nicht um ihn werben, Siri nicht in die Augen schauen. Aber dadurch werden wir immer verklemmter. Niemand hat mehr den Mut, sich wirklich zu zeigen, zu lieben, zu fallen. Instagram erzeugt Druck. Der Vergleich mit den bearbeiteten Fotos und Videos sorgt dafür, dass wir uns nur noch ungern ausziehen. Vorerst wird so lange optimiert (und onaniert), bis man den Ansprüchen der vom Netz verwöhnten Augen gerecht wird.

Aber beim Sex gibt es kein Photoshop, keinen Filter, keine Hashtags. Und posten kann man ihn auch nicht. Sinnlos also. Für die Netzwelt unsichtbar. Für das Gegenüber zu real. Realität ist gefährlich. Vor allem für die Sehnsucht, das Selbstbild, die Selbstdarstellung. Lieber Twitter statt Tripper. Wir wollen keine Erfüllung, wir wollen Verheißung. Kaum können wir tun, was wir wollen, wollen wir nicht mehr tun, was wir können. Könnten! Die Option reicht ja.

Wo bleibt die Lust an der Lust an sich –, ohne höheren Zweck? Vielleicht sollte man eine App erfinden, die Dauer und Qualität des Geschlechtsverkehrs misst. Dann könnte man das wenigstens posten und sich messen. Pimmelpunkte sammeln, Sternchen für die originellste Stellung. Die App wäre eine Art Runtastic, die den Verlauf des Dates aufzeichnet (zurückgelegte Wege, Anzahl der Komplimente, Getränkekonsum, Promille, Kalorienverbrauch beim Sex, Herzfrequenz). Nur wird hier nicht gejoggt, sondern gebaggert. Kurzstrecke oder Langstrecke. Oder statt der Apple Watch eine Rammel Watch. Das Handy überwacht heute schon unseren Schlaf – warum dann nicht auch unseren Beischlaf?

In einer Welt, in der alles Messbare scheinbar so reizvoll ist, verliert das Unmessbare an Wert. Denn messen wollen sich alle. Die Anzahl unserer Fans auf Twitter ist sichtbar. Sind wir lieber beliebt als geliebt zu werden? Oder kann man uns nur lieben, wenn wir zur Hälfte aus Quinoa und zur anderen Hälfte aus Amaranth bestehen? Ist unser Streben nach Perfektion nur ein stummer Schrei nach Liebe? Denn der Nachweis der Erfolge gelingt nicht in der Zurückgezogenheit der Zweisamkeit, der Utopie der Hingabe, dem Sex an sich. Der Pause vom Denken, vom Kontrollieren, Organisieren, Funktionieren, Optimieren. Aber diese Pause haben wir uns verdient. Nicht erst mit 70!

»Dem verbreiteten Gedanken zuwider erschaffen Worte keine Welten; der Mensch spricht, wie der Hund bellt. Um seinen Zorn oder seine Angst auszudrücken. Die Lust ist lautlos, genau wie das Glücksgefühl.« Michel Houellebecq

Macht Schönheit glücklich?

Machen wir uns zu viele Gedanken über unser Aussehen? Vielleicht glauben wir heute mehr denn je, dass Schönheit Glück bedeutet. Wir glauben, dass wir mehr geliebt werden, je attraktiver wir sind. Aber was passiert mit den Inhalten, wenn wir den ganzen Tag mit Fotobearbeitungsprogrammen, Anti-Aging und beim Krafttraining verbringen? Unser Körper schwitzt im Fitnessstudio, während unser Kopf auf der Ersatzbank sitzt und nicht zum Einsatz kommt – nicht mal fürs Aufwärmtraining bleibt Zeit, beispielsweise um Grundkenntnisse der Politik zu erwerben. Uns ist Brainshaming lieber als Bodyshaming. Keiner weiß, wo Triest liegt, aber dafür, wo der Trizeps ist. Protein-shake statt Shake-speare. Botox statt Botero. Dürrer statt Dürer. Shopping statt Chopin. Hanteln statt Händel. Sind wir so sehr damit beschäftigt, alles aus uns herauszuholen, dass wir vergessen, nach innen zu schauen? Es gäbe viel zu tun.

2017 wurde die Frage nach den heutigen Schönheitsidealen wieder heißt diskutiert, als Nora Tschirner den von ihr mitproduzierten Film »Embrace – Du bist schön« vorstellte. Es geht darin um den Krieg gegen den eigenen Körper, um Selbsthass, der dadurch wächst und gedeiht, dass in der Öffentlichkeit ein völlig falsches Körperbild vermittelt wird, um Bodyshaming und Bodybuilding-Wahn. »Wer schön ist, ist auch erfolgreich, nur wer schlank ist, kann auch glücklich sein. Anstatt die Gesundheit und das eigene Wohlgefühl in den Vordergrund zu stellen, sollen Körper dünn, trainiert und jung sein, dürfen keine Falten haben oder gar dick sein. Doch wie gesund sind solche Vorbilder?« STERN TV machte dazu ein Experiment. Wie viele Frauen schämen sich im Bikini am Strand? Wie viele Frauen vergleichen sich ständig mit anderen Frauen und fühlen sich schlecht dabei? Das Ergebnis: verdammt viele. Fast alle.

Die Schönheit kann ebenso gut aus der Hölle stammen wie aus dem Himmel. – Charles Baudelaire

Warum zweifeln wir so sehr an uns selbst, sobald die Jeans zwickt? Hängt unser Glücksgefühl, unser Selbstwertgefühl wirklich davon ab, wie viel wir wiegen, welche Körbchengröße, wie viele Verehrer wir haben?

Letztens sah ich ein Video, in dem eine Schauspielerin sich darüber wunderte, warum heute rundere Frauen, die sich nackt fotografieren, als »inspirierend« bezeichnet werden. Sie fragt, ob Nacktfotos wirklich das richtige Signal einer »starken Frau« seien. Sind wir so weit gekommen, dass eine Frau, die ihren nicht ganz perfekten Körper zur Schau stellt, schon als Revolutionärin gilt? Sollte Inspiration nicht auch durch geistige Leistung ausgelöst werden? Ja, das Aussehen ist heute wichtiger denn je, so scheint es. Und es ist sicher nichts falsch daran, auf sich zu achten, ein bisschen eitel zu sein. Aber die bloße Optik darf nicht zum alleinigen Maßstab unserer Anziehungskraft, zu unserem einzigen Hobby werden und die gesamte Freizeitgestaltung dominieren. Und vor allem nicht zum einzigen Aspekt, nach dem andere uns bewerten, einordnen.

Neulich war ich mit ein paar Freundinnen aus. Wir lernten eine Gruppe Männer kennen und der eine klebte den ganzen Abend an meiner Single-Freundin, spendierte ihr Drinks, knabberte an ihrem Ohrläppchen. Als sie müde wurde und nach Hause wollte, sagte er gespielt gleichgültig »Los, weiter Jungs. Die Olle kommt jetzt nicht mehr mit. Scheißegal, war eh fett. Pummelfee.« Abfällige Kommentare, Hass im Internet, unverschämte Beleidigungen, rasche Bewertungen – alles alltäglich. Alles abartig.

Die Frauen machen sich nur deshalb

so hübsch, weil das Auge des Mannes

besser entwickelt ist als sein Verstand.

Doris Day

Ich habe eine Freundin, die sich tatsächlich selbst einst als »fett« bezeichnet hat – sie wog 125 Kilo. In den letzten 16 Monaten hat sie 45 Kilo abgenommen. »Klar soll man sich selbst so lieben, wie man ist. Aber ich war dick nicht glücklich. Ich hab mich immer geschämt. Meine Schwäche war für alle sichtbar. Ich habe immer geschwitzt, schlecht geschlafen und konnte nirgends einkaufen. Ich bin vor Fotos geflohen und nie in die Sonne gefahren, aus Angst, mich ausziehen zu müssen.« Das eigene Aussehen komplett zu ignorieren – unmöglich.

Eine Bekannte ernährte sich wochenlang nur von Wirsing und Sauerkraut, weil sie mit ihrem neuen Freund nach Kreta flog. Sind wir so weit gekommen, dass ein Urlaub einen derartigen Stress in uns auslöst? Verdauungsprobleme, Schlafstörungen – nur damit wir am Strand nicht doof aussehen? Dabei wäre es ganz schön cool, sich beim Date mal ein Eisbein zu bestellen oder eine Schweinshaxe. Ja, manchmal muss man sich seiner eigenen Jury stellen. Aber zu viel Herummäkeln macht extrem unglücklich. Und keine Waage oder Hose sollte die Macht haben, unseren Tag zu zerstören.

Ich schäme mich auch oft: Letzte Woche erst, als ich nach dem Sport mit rotem Kopf und blauer Trainingshose in den Supermarkt ging, um nur schnell einen Wein zu kaufen. An der Frischetheke entdeckte ich einen ehemaligen Schwarm. Leider fühlte ich mich weder nach frisch noch nach Theke, sondern extrem nüchtern (mit Sehnsucht nach einer Schnapstheke) und verschwitzt. Roter als die mit Frischkäse gefüllte Paprika, die er gerade bestellte. Ich bückte mich hinter einem Stand mit Würstchen und hoffte, er würde sich schnell für ein paar eingelegte Oliven entscheiden. Eingelegt, reingelegt! Ich schnappte mir aus Verzweiflung eine Packung vegane Cervelatwurst, die ich wie ein Schutzschild vor mein Gesicht hielt, bis ich die Kasse erreichte. Doch genau da kam er um die Ecke – und ich sah nicht aus wie der »spicy Knabbermix«, den er im Einkaufskorb hatte. Ich ließ ihn kalt wie Tiefkühlpizza. Ungeschminkt, ungebürstet und vegan bewürstet – im Erotikseminar wäre ich durchgefallen. Aber warum war es mir überhaupt wichtig, dass er mich nicht – vermeintlich – schwach sah?

Schönheit spielt eben eine Rolle. Und ja, es macht Spaß, eine Frau zu sein, sich Mühe zu geben, sich aufzubrezeln. Aber essen und leben und lesen machen auch Spaß. Und dafür sollte die Zeit nicht fehlen. KALO RIEN NE VAS PLUS.

Upps, vertippt! Wie mein laszives Selfie bei einer russischen Diplomatin landete

Nehmen Sie sich in Acht! Vor allem, falls ich Ihre Handynummer habe. Ich neige nämlich dazu, den falschen Knopf zu drücken. Und schwupps – haben Sie eine SMS, ein Foto, eine WhatsApp um 3 Uhr morgens, die gar nicht für Sie bestimmt war.

Ich war vor einiger Zeit mit ein paar Freundinnen in Moskau. Eine von ihnen kannte eine hochrangige Dame aus der Politik und hatte uns – neben vielen anderen kulturellen und kulinarischen Ereignissen – ein Treffen mit dieser Diplomatin plus Führung und Kaffee/Kuchen am Nachmittag organisiert. Vorher aber waren wir in einer russischen Banya und ich habe mich bei 90 Grad von einer stämmigen Russin mit Tannenzweigen auspeitschen lassen. Fördert die Durchblutung – was vielleicht auch daran liegt, dass man in der voll besetzten Sauna nach einem aromatischen Aufguss auf einer Art erhöhtem Holzpodest liegt und alle einem dabei zusehen, wie man sich Po und Beine verkloppen lässt. Da wackelt alles, was wackeln kann. Bei manchen mehr, bei manchen weniger. Ich habe die ganze Zeit meine Bauch- und Pomuskeln angespannt. Eine Mischung aus Wellness und Würdelosigkeit. Dann muss man sich umdrehen und die Russin brüllt einem Sachen ins Gesicht, während sie mit den Zweigen auf einen eindrischt.

Spa oder Spasiba? Man ist rot, rot vor Hitze, Peitsche und Verblüffung.

Ich war die Einzige, bei der das Datenroaming in Russland funktionierte, somit gab mir meine Freundin die Handynummer der Politikerin und sagte, ich solle ihr eine Bestätigung des Termins per WhatsApp schicken und noch drei höfliche Sätze schreiben, wie sehr wir uns freuen. Ich tat, wie mir aufgetragen. Da ich an dem Nachmittag mit anderen russischen Köstlichkeiten beschäftigt war, gingen meine Freundinnen allein in das Palais und ließen sich empfangen und führen.

»EntschuldiGEL das war aus Beseheb«

Nachts waren wir natürlich feiern, Karaoke singen, tanzen auf Dachterrassen – es war herrlich. Ich war in meiner Euphorie so übermütig, dass ich Foto über Foto machte und am Ende auch einige Selfies knipste, die ich an ein paar Freunde in Deutschland verschicken wollte. Auf den Selfies sah ich – wie ich erst im Nachhinein bemerkte – etwas dämlich aus. Man sah mir den Wodka und die Bellinis an, ich hatte den Lippenstift übermalt, die Haare glichen einem mobilen Vogelschutzgebiet – aber ich schaute sehr lasziv und mit vermeintlichem Schlafzimmerblick in meine eigene Kamera und kam mir sehr verführerisch und heiß vor (fast so heiß wie in der Sauna). Dieses Foto, auf dem auch mein Dekolleté gut zu sehen war, verschickte ich mit dem Kommentar »Nach dem Auspeitschen« per WhatsApp. Leider bemerkte mein Daumen nicht, dass er dicker oder jedenfalls wackliger unterwegs war, als meine Tastatur vertragen konnte. Er wankte über das Display und schickte das Duckface-Selfie mitsamt »Peitsch-Kommentar« an die Politikerin, die sich noch in meiner Kontaktliste vom Nachmittag befand. Vielleicht hätte ich lieber den Daumenlutscher aus dem Struwwelpeter machen sollen: Wupp, den Daumen in den Mund! Aber es war zu spät und WhatsApps konnte man damals noch nicht zurücknehmen. Ein Uhr nachts und die hochrangige, konservative, gastfreundliche, vornehme Dame hatte mein Bild auf dem Handy. »Oh Gott, Mädels!«, lallte ich. »Ich habe gerade das Foto an die Diplomatin geschickt!« Also sendete ich ein »Entschuldigung, das war aus Versehen« hinterher. Leider war der Daumen wieder wilder und schneller als der Verstand, so hatte die Dame ein halbnacktes Selfie und dazu die Nachricht »EntschuldiGEL das war aus Beseheb« auf dem Handy. Die Handynummer hatten wahrscheinlich außer mir höchstens noch Angela Merkel, Putin und Trump ... Meine Freundin war entsetzt. »Lösch sofort die Nummer!« Die Dame hat sich nie wieder bei einer von uns gemeldet. Und ob wir noch mal einreisen dürfen, steht auch in den Sternen.

Aber warum schicken wir nie aus Versehen mal ein heißes Foto an jemanden, den wir gernhaben? Warum landet die SMS mit »Ich habe Magen-Darm. Was soll ich tun?« (die an den Arzt soll) immer beim Schwarm und warum landet die SMS mit »Habt ihr was zu kiffen?« immer beim Chef?

Der grüne Daumen? Wohl eher der blaue Daumen. Aber manche Peinlichkeiten und Tollpatschigkeiten können doch auch liebenswert sein, oder? Ansonsten kaufe ich mir einfach bald dieses Entschuldigel und schmiere es mir in die Haare. Aus Beseheb.

Too much information – warum uns die sozialen Netzwerke krank machen

Früher galt: Was ich nicht weiß, macht mich nicht heiß. Heute weiß jeder alles. Mehr als alles. Mehr als vielleicht sogar wahr ist. In sozialen Netzwerken sehen wir all den Leben beim Spaßhaben und beim Schönsein zu. Menschenleben, die es in Wirklichkeit gar nicht so gibt. Wir sehen Partys, Konfetti, Hotels, Reisen, türkisfarbenes Meer, Infinity Pools, glasklares Wasser und glasklare Haut. Hier ist Lebensfreude abgebildet, die im echten Leben keine Entsprechung findet. Wir sehen bearbeitete Bilder, bearbeitete Minen, bearbeitetes Glück.

Eine Freundin von mir hatte aus dem Urlaub in Indonesien ein Foto mit dem Titel »Paradies« (oder #paradise #dreamland) veröffentlicht. Das Foto sah toll aus. Die Reise war es nicht. Sie erzählte, dass die Luftfeuchtigkeit unerträglich gewesen sei, der ganze Pool voller Mücken und dann habe sie vom Essen noch Magendarm bekommen. Ich wartete vergebens auf den Titel »Magendarm« zu dem Foto oder #diarrhoe oder #ReinfallDurchfall.

Aber nicht nur im Paradies wird gelogen
Es ist eine Welt, in der wir alles erfahren müssen. Wir können uns Informationen nicht entziehen. Wir wollen nicht auf das Profil des Exfreundes schauen und dennoch tau-

chen seine Fotos aus dem Nichts auf unseren Bildschirmen auf. Wir müssen uns disziplinieren, nicht nachzusehen, was unser neuer Schwarm gerade macht. Wir sind enttäuscht, wenn wir sehen, dass er unterwegs war (und wir fragen uns: Wo war er? Warum hat er nicht Bescheid gesagt?). Wir sind enttäuscht, dass er nicht unterwegs war (Wo war er? War er zu Hause? Allein oder mit einer anderen? Hatte er Sex?). Wir sehen, dass er glücklich ist. Oder dass er braun ist. Oder dass er neben einer Frau steht. Oder dass er mit Freunden verreist. Wir sehen alles. Und alles kann uns enttäuschen. Jede Tatsache wird zur Tat, die gegen uns gerichtet ist. Das wunde Web.

Aber wir sehen auch zu wenig. Wir sehen zwar einen sehr intimen Ausschnitt – aber mit zahlreichen Rätseln und Auslassungen. Wenn jemand nichts veröffentlicht, erlebt er dann auch nichts? Oder ist sein Leben nicht vielmehr gerade dann spannend, aufregend, ja gar geheim? Wir sind die Sklaven unserer Neugier, die vom Netz mit zu kleinen Portionen gefüttert wird.

Das Netz macht uns krank

Allein in dieser Woche haben mir drei Freunde erzählt, dass sie wegen eines sozialen Netzwerks geweint haben. Sie haben dort Fotos von Menschen gesehen, die ihnen viel bedeuten. Eine sah ihren lächelnden Ex beim Surfen neben einer Bikiniblondine. Eine andere sah, dass ihr Schwarm in Venedig war (zwar ohne sie, aber gewiss nicht allein). Einer sah seine Flamme grinsend beim Sport mit ihrem Personal Trainer. Ihm hatte sie jedoch erzählt, sie sei zu krank, um ihn zu treffen. Auf dem Foto wirkte sie glänzend, glücklich und vor allem: kerngesund. Sind wir uns der Auswirkungen

151

unserer Veröffentlichungen bewusst? Inszenieren wir sogar die Freude, um bei anderen Schmerz auszulösen? Warum waren wir nicht auf der Party eingeladen, warum waren wir nicht dabei? #isolation durch Information.

Das Netz macht uns krank, denn wir vergleichen unsere Schwächen mit den Stärken der anderen. Es fördert Angeberei und Selbstzweifel.

Wir verwechseln das echte Leben mit der Inszenierung
Eine Freundin von mir begrüßte neulich auf einer Party überschwänglich einen Mann. Sie ging davon aus, dass es ein alter Bekannter sei. Der Kerl sah meine Freundin verdutzt an. »Wer sind Sie?« Meine Freundin bemerkte, dass sie den Typen nur aus dem Internet kannte. Es war der aktuelle Schwarm ihrer besten Freundin. Sie hatte ihn wohl ein paar Mal zu häufig gegoogelt. Berühmt durch Stalking.

Was lehrt uns das? Ich zwinge mich, nicht jedes Mal zu chatten, wenn ich in der Schlange stehe, oder auf Instagram Fotos von Menschen anzusehen, die ich gar nicht kenne. Lieber mal einen Artikel lesen, wenn ich im Wartezimmer hocke. Wem nützt das siebte süße Hundefoto etwas (#cutedog statt #gutinformiert: Ich kenne lauter Welpen, aber leider nicht mal den Staatschef von Italien)? Oder das achte Selfie von Glamour Gina, die ich noch nie gesehen habe und auch nicht genau weiß, warum ich ihr Profil besuche und warum 780.000 andere Menschen dasselbe tun. Was hat sie geleistet – außer dass sie extrem gut ein Duckface machen kann? Gibt es einen Duckface-Award? Statt des Goldenen Bären der Berlinale die goldene Gesichts-Ente des Selfie-Festivals? Einen Botoxbambi?

Ich versuche ab jetzt, mich von den Fotos der anderen nicht so stressen zu lassen. Alle waren Paragliden, Tiefseetauchen und Skifahren? Egal, ich hab auch was erlebt – und bin U-Bahn gefahren. Einmal sogar ohne Ticket. Wild.

Man muss ja nicht alles glauben. Sich nicht vergleichen. Und wenn trotzdem jeder andere außer man selbst toll und faszinierend erscheint, einfach an #magendarm denken. Oder daran: »Na, glücklich? Geht auch vorbei.«

Liebeserklärung bei Whatsapp? Klar – da kann man sie wenigstens wieder zurücknehmen!

Bei Whatsapp gibt es seit einiger Zeit eine neue Funktion: Man kann gesendete Nachrichten wieder zurückrufen, das Gesagte ausradieren. Im wahren Leben gibt es das leider nicht – aber man schickt ja im Chat auch ganz rasch eine Liebeserklärung, die man niemals aussprechen würde, wenn das Gegenüber tatsächlich vor einem säße. Die Sprache entgleitet aber im Chat auch viel schneller in den Fluch-Modus (nicht FLUG-Modus) als im echten Gespräch. Da traut sich dann keiner mehr, die per Handy so leichtfertig versendeten heavy Beschimpfungen und Boshaftigkeiten jemandem auch ins Gesicht zu pfeffern (siehe Facebook).

Der Chat ist impulsiv. Und das wahre Leben hält nicht, was das Internet verspricht. Auch im Chat müsste man also mal #nofilter anwenden. Leider gibt es diese tolle Rückruf-Funktion bei E-Mails noch nicht. Dort ist das Gesendete – wie das Gesagte – nicht mehr aus der Welt zu nehmen, nicht aufzuheben wie ein fallen gelassener Stift, es bleibt liegen wie Abfall und man muss einen großen Bogen um den ganzen Müll machen. Für Dummheiten gibt es kein Umtauschrecht, reduzierte Billigware wie unüberlegte, schäbige Worte nimmt keiner entgegen.

Dummheiten lieber bei Whatsapp

Gern drückt man dort versehentlich mal auf den »ALLEN-ANTWORTEN/reply-all«-Knopf, wenn man eigentlich eine private Nachricht verschicken will. Neulich haben wir das Geburtstagsgeschenk einer Freundin diskutiert, während sie mit im Verteiler war. Irgendwann äußerte sie sich, dass sie doch lieber »die Handtasche« hätte anstatt der Jacke – bei der wir länglich überlegt hatten, ob ihr Größe M oder L besser passe (es ging vielleicht sogar kurz um ihre Oberweite ...).

Letztens wollte ich meinem Hautarzt ein Foto von einem Ausschlag schicken, um eine Ferndiagnose zu bekommen. Faulheit wird bestraft! Machen Sie lieber den Umweg in die Arztpraxis, bevor sie aus Bequemlichkeit ein Rezept direkt an die Apotheke gefaxt haben wollen. Denn das Foto von meinem doch recht geröteten, ja man möchte fast sagen aufgequollenen Körperteil landete versehentlich in einem Gruppenchat, der eine berufliche Veranstaltung betraf und aus zwanzig Teilnehmern bestand. Der Hashtag #nofilter war hier tatsächlich nicht mehr nötig ...

Telefonsexkonferenz

Aber auch Sprachnachrichten haben es in sich! Obacht: Neulich nahm eine Freundin an einer Telefonkonferenz teil, befand sich aber parallel in einem sehr heißen Chat mit ihrem neuen Verehrer. Dem sendete sie Sprachnachrichten während der sich deutlich in die Länge ziehenden Telefonkonferenz. Nicht nur hörte er also die auf Englisch geführte Diskussion im Hintergrund ihrer sexy Nachrichten, es geschah leider auch, dass sie mittendrin ihren Namen hörte und nicht wusste, ob man ihr nun eine Aufgabe verpasst oder eine Frage gestellt hatte.

Schlecht, dachte sie. Hab ich jetzt was zu tun oder zu sagen? Sie murmelte etwas wie »Ich melde mich dazu noch mal« und die anderen zwölf Konferenzteilnehmer debattierten weiter über das Vorgehen. Dummerweise vergaß sie, den Stumm-Knopf ihres Telefons wieder anzuschalten und diktierte gerade eine laszive Nachricht an den Angebeteten per Whatsapp. Die Konferenzteilnehmer verstummten.

Wenn ich (oder sogar Sie selbst) also wieder mal danebenliege(n), merken Sie sich: Das sind keine Makel – das sind special effects!

Was lernen wir daraus? Multitasking ist nicht für jedermann, löschen Sie mich bitte präventiv aus all Ihren Gruppenmails oder Chats mit großem Verteiler – und sagen Sie das, was Sie wieder zurücknehmen möchten, ausschließlich per Whatsapp. Der Rest unseres Unfugs bleibt in der Welt!

Sekt statt chatten: Warum wir alle weniger auf Smartphones starren sollten

Ich bin süchtig. Aber wer ist das heute eigentlich nicht? Manche machen aus Sport eine Sucht, aus Verzicht, aus Pflegeprodukten, aus dem Internet oder eben aus dem Handy.

Ja, dieses verfluchte Smartphone – das man viel zu oft für gar nicht so smarte Dinge in die Hand nimmt. Chatten, Emoticons, Fotobearbeitungsprogramme, Candy Crush ... Ich bin häufiger auf Instagram als auf der Spiegel-Online-Seite. Und ich lese mehr Chats als Bücher.

Früher konnten wir noch Gedichte auswendig, heute wird selbst der eigene Straßenname gegoogelt. Wie hieß das Restaurant, in dem ich gestern war? Wie heißt unser Bürgermeister? Die Produkte, die ich regelmäßig kaufe, hat Rewe für mich im Abonnement gespeichert. Einen Falk-Plan muss ich schon lange nicht mehr lesen, geschweige denn auf- oder gar zusammenfalten. Es gibt für alles ein Navigationssystem – außer für das eigene Leben.

Laut Wikipedia bezeichnet *Abhängigkeit (umgangssprachlich Sucht) das unabweisbare Verlangen nach einem bestimmten Erlebniszustand. Diesem Verlangen werden die Kräfte des Verstandes untergeordnet. Es beeinträchtigt die freie Entfaltung einer Persönlichkeit und zerstört die sozialen Bindungen und die sozialen Chancen eines Individuums.*

Warum denken, wenn man ein Navi hat

Inzwischen verfahren wir uns ja schon auf dem eigenen Nachhauseweg. Oder wie eine Frau aus Belgien, die 2013 eigentlich nur in die 90 Kilometer weit entfernte Hauptstadt Brüssel fahren wollte, um dort einen Freund am Bahnhof abzuholen. Stattdessen folgte sie ihrem Navi 1300 Kilometer bedingungslos bis ins kroatische Zagreb. Sie war mehr als einen Tag unterwegs und durchquerte bei ihrer Irrfahrt Frankreich, Deutschland und Österreich. Stutzig wurde sie trotz der fremden Straßenschilder nicht, sondern setzte unbeeindruckt ihre Reise fort.

Auf ihrer Odyssee durch Europa soll die alte Dame zweimal getankt und ein kurzes Nickerchen am Straßenrand gehalten haben. »Plötzlich war ich in Zagreb und erst dann bemerkte ich, dass ich nicht mehr in Belgien war.« Ihr Sohn hatte inzwischen eine Vermisstenanzeige aufgegeben. Später gab die Frau der Polizei als Erklärung lediglich an, sie sei abgelenkt gewesen. Vermutlich vom Smartphone.

Beim Glücksrad gab's kein Smartphone

Nein, man muss sich nichts mehr merken. Alles ist im Netz gespeichert und auffindbar. Aber war Else2207 jetzt mein Netflix-Passwort, der Geburtstag meiner Tante oder meine »Miles and More«-PIN? Wie viele Paybackpunkte, Super-Sticker-Sternchen, Bonusbommel und Kletten-Kunden-Kleber muss ich sammeln, bis ich endlich das Messerset beisammenhabe? Ich Treuetrottel! Und wozu überhaupt

Messer, wenn ich mein Essen doch über Lieferando bestellen kann? Da nehm ich lieber 100 GB Surfvolumen gratis! Für noch »mehr Freiheit« und noch weniger Gedächtnis ... Früher, als ich klein war, gab es bei Glücksrad noch ein Kofferset oder Teeservice zu gewinnen. Welch bescheidene Zeiten.

Tee wird inzwischen automatisch gekocht, per App von unterwegs steuerbar. Wir können die Temperatur unserer Ferienwohnung auf Ibiza von Frankfurt aus regeln, wir können vom Büro aus eine Badewanne zu Hause einlassen, wir können mit unserer Lichtanlage sprechen. Aber sollten wir nicht manchmal lieber miteinander sprechen? Dann wäre das Gehirn nicht so gedimmt und wir würden uns nicht zu Hause aussperren, sobald die Batterie unseres iPads leer ist. Wir stehen vor verschlossenen Türen, wenn die Technik versagt.

Stasi im Eigenbau

Ich will gar nicht jammern – ich liebe den Fortschritt und ich nutze die Technik, soweit ich sie irgendwie beherrschen kann. Aber inzwischen kann man nicht mal mehr manuell ein Fenster öffnen oder einen Fahrstuhl bedienen.

Alles wird überprüfbar. Wir versenden Fotos von unserer Joggingstrecke, wir schicken Standorte und Statusmeldungen, Updates. Und manchmal sendet eine verheiratete Frau sogar ein Foto an ihren Mann aus dem einsamen Hotelzimmer, auf dem dummerweise die Herrenschuhe des Liebhabers oder sein Koffer im Hintergrund stehen. Selfie mit Duckface und Duckphase. Die Dame wird sich zu Hause wohl eher ducken müssen oder gar nicht mehr blicken lassen. Man sollte eben nicht nur sich selbst im Spiegel betrachten.

Irgendwo muss das Dopamin ja herkommen

Ja, die Sucht und die Sehnsucht sind gefährlich. Das Handy hat schon so manch einen Spielkameraden überführt. Mich stört aber vor allem, dass ich manchmal den Moment versäume und den Augenblick lieber mit der Handykamera festhalte, anstatt ihn zu genießen. Wie oft haben mir doofe SMS schon die Laune verdorben? Wie häufig hat eine E-Mail mich abgelenkt von meinen Kindern?

Ja, beim Chatten wird das Glückshormon Dopamin ausgeschüttet, derselbe Stoff, der durch Rauchen und Saufen verstärkt wirkt. Nur hat man nach einem Rauschabend meist eine tolle Anekdote zu erzählen oder jedenfalls Begegnungen gehabt, etwas erlebt – nach einem Chat-Abend eher nicht. Deswegen nehme ich mir fest vor, das Dopamin lieber anderswo zu holen als über das Handy. In dubio Prosecco.

Warum es wichtig ist, mal wieder echte Komplimente zu machen

Nutze die Zeit, die dir beim Warten in einer Warteschlange geschenkt wird, um E-Mails zu beantworten! Oder update dein LinkedIn-Profil! Bestell noch schnell was online beim Supermarkt. Schau nicht um dich herum, schau nicht aus dem Fenster, wenn du Zug fährst. Achte nicht auf die Landschaft und die Menschen – lade lieber Fotos vom Leben auf Instagram hoch.

Bereisen wir Orte noch für uns selbst – oder für das Foto, das wir teilen können?

Und warum fotografieren Menschen ihr Essen? Sind Gurken jetzt die neuen Werbekunden? Ein Salatblatt als Sponsor? Meist laden dünne Frauen entweder nur Grünzeug, Avocados und Mangos hoch, hübsch dekoriert neben ein bisschen Quinoa oder Chia-Samen. »Ich bin dünn, lebe gesund und kann kochen – aber nur vegan.« Was sie nicht sagen, soll auf dem Dating-Markt implizieren: An meiner Seite wirst du ein gesunder, fitter Muskelprotz, für den ich nach dem gemeinsamen Joggen einen Protein-Shake schüttele, während du meine Po-Bäckchen bestaunen darfst.

Dann gibt es schlanke Frauen, die rosa dekorierte Waffeln mit Erdbeeren, Macarons und pastellfarbene Gebäckstückchen mit einem Herz aus Sahne hochladen. Sie zeigen den Männern: »An meiner Seite kannst du schlemmen und genießen. Ich hungere nicht. Ich habe eine Top-Figur trotz kleiner Sünden. Und ich liebe die Sünde ...«

Natürlich essen diese Frauen meist gar nichts von den abgelichteten Törtchen, die nur fürs Foto gekauft oder gebacken wurden und dann lieblos im Mülleimer verschwinden, sobald das Bild hochgeladen und gemocht worden ist. Manchmal stehen diese Frauen auch lediglich am Hotelbuffet, um es abzuknipsen – und verschwinden dann wieder, mit Handy statt mit Teller in der Hand.

Aber was glaubt ihr denn? Macht der Buchweizen aus euch einen BilderBUCHmenschen? Man kann sich nicht zu einem guten Menschen essen ... (»aber kann man sich zu einem schlechten Menschen trinken?«, frage ich mich dann immer. Ich glaube nämlich, das kann ich ziemlich gut!).

Hotness, Sexyness, Ernährungsbewusstsein – die neuen Währungen im Internet. Manche Mädchen definieren einen guten oder schlechten Tag danach, wie viele »Likes« ihre Bilder bekommen haben. Die sozialen Netzwerke ermöglichen den Vergleich; einen Vergleich mit der ganzen Welt.

Muss ich auch Nacktfotos verschicken – weil alle es machen? Muss ich ein zweites Ich erfinden, ein Internet-Ich, dem nichts und niemand etwas anhaben kann, auf dem ein Filter liegt, ein Bearbeitungsfilter wie ein UV-Schutz, der mich vor Schmähungen und Makeln bewahrt? Wann fing es an, mir etwas zu bedeuten, dass John (37, aus Wisconsin, den ich nicht kannte und nie kennenlernen werde) mein

Foto mochte? Warum ist es mir wichtig, dass viele Menschen (von denen ich wiederum die meisten nicht kenne) mein Foto mit einem Herz markieren? Sieht so Glück aus? Misst es sich an den Freunden, den Followern, den Fans, die ich habe? Und wer von denen hilft mir dann, wenn mein Vater stirbt?

Ist das nicht auch nur Sehnsucht nach Liebe? Sehnsucht nach Aufmerksamkeit, Zuneigung, Zuspruch, Lob – so wie sie in uns verankert ist? Aber in den letzten Jahren kam noch eine andere Sehnsucht dazu, eine zunächst undefinierbare Suche nach einem Gefühl der Freiheit, der Unantastbarkeit, der Unangreifbarkeit.

Die Sehnsucht danach, sich nicht vergleichen zu müssen
Denn was passiert, wenn Menschen sich permanent der Abstimmung über ihre Attraktivität aussetzen? Wer sind wir, wenn wir ständig in die Community fragen müssen »Bin ich schön?« »Ist mein Leben lebenswert?« »Ist dieser Pool nicht traumhaft?« Wer sind wir, wenn wir täglich nach einer Bestätigung unserer Entscheidungen suchen? »Hab ich's richtig gemacht? Gefalle ich euch?« Wir legen unser Glück in die Hände von Unbekannten, Anonymen an Smartphones, die unsere Seele umsonst bekommen, für einen Klick. Es wird mehr Zeit mit dem Bearbeiten von Fotos als im Park verbracht.

Wir leben in einer Hölle, einer Hölle aus Bewertungsportalen, Spielplätzen für schwache Egos, auf der Jagd nach Sternchen und Herzchen, um Testsieger zu werden und den Preisvergleich zu bestehen, Nacktgewinner und Gesichtsgutachten. Früher gab es Vergleichsseiten für den besten

Kinderwagen oder das sicherste Auto. Heute stellen wir unsere Gesichter und Körper täglich für Bewertungen und Ratings zur Verfügung.

Doch was gibt es zu gewinnen? Die Firmen wollen, dass ihre Kinderwagen sich gut verkaufen, dass die leiseste, stromsparendste Waschmaschine ein Bestseller wird. Aber wir stehen nicht zum Verkauf.

Wie fühlt sich eigentlich der echte Mensch hinter dem Produkt? Wer weiß noch, wie ich ohne Filter aussehe? Und weiß ich noch, wie ich ohne Filter fühle? Ich WILL ohne Filter fühlen.

Wie viel Selbstvermarktung hält dein Wesen aus?

Was bewerben wir eigentlich, wenn wir uns online anpreisen? Definiert sich unsere Beliebtheit, unser Marktwert nach der Anzahl unserer Stalker und Anhänger? Wir feiern unsere Selbstbestimmtheit, doch kaum können wir tun, was wir wollen, unterwerfen wir uns einer neuen Diktatur: dem Internet.

Ich wünsche mir wieder mehr echte Komplimente – keine Emoticons und geklickte Herzchen. Dass wir uns einfach mal ins Gesicht sagen, wie schön, unterhaltsam, fröhlich wir einander finden. Dafür brauchen wir kein WLAN. Und auch kein Passwort. Nur ein gesprochenes Wort.

Warum der Mensch ein soziales Wesen ist, aber auch ein asoziales

Hi, ich bin's! Ich liebe mein Leben! Was für ein Tag. Alles läuft. Heute kam das Jobangebot: ein neuer Auftrag. Jemand will mich. Eine ganze Abteilung findet gut, was ich mache. Und eine Steuerrückzahlung. Mein Zahnarzttermin lief ohne Bohren. Eine wildfremde Frau hat mir auf der Straße gesagt, dass ihr meine Ausstrahlung gefällt. Der Kellner gibt mir einen Wein aus (okay, es war der dritte). Ich hab wenig gegessen und fühle mich gut. Ich habe kaum aufs Handy geschaut. Ich habe nicht darauf geachtet, was die anderen machen. Weil ich mich nicht vergleichen wollte. Ich brauchte das nicht. Ich war glücklich, ich fand mein Leben, meine Zeit, meinen Ort am besten. Ich wollte nichts ändern und nicht tauschen, nichts verbessern oder optimieren. Ich hab das Armband wiedergefunden, das ich längst aufgegeben hatte. Ich habe euch alle lieb. Und ganz doll auch mich.

Hi, ich bin's! Ich hasse mich. Ich hasse es, dass ich gut drauf sein muss, weil die Sonne scheint. Rekordsommer! Scheiß Hitze. Ich will auf dem Sofa liegen und frieren und einen Kapuzenpulli tragen. Aber nein! Es ist 33 Grad und ich muss vor die Tür. Ich fühle mich weder nach Kleid noch nach nackt. Heute Morgen hat mich direkt die Nachbarin angeschnauzt. Weil ich angeblich die Papiermülltonne zu voll gemacht habe. Und jetzt passen ihre Amazon- und Net-aporter-Kartons da nicht mehr rein. Ich sei eine »egoistische Zicke«, weil meine Pappe da rausquillt. Ich soll mal meinen »Shit geregelt« kriegen. Ich habe mich zusammengerissen, was mir schwerfiel. Ich wollte auch ausfallend werden. Ich wollte ihr sagen, dass sie gemein ist. Aber dann bin ich einfach auf mein Rad gestiegen und losgefahren. Dann ist meine Fahrradkette rausgesprungen. Meine Hose war schwarz von diesem Kettenöl. Ich habe mein Handy fallen lassen. Display zersplittert. Wenn ich nun tippen will, piekst es in meinen Fingern, die Oberfläche ist voller Scherben. Aber mir schreibt sowieso keiner. Nicht mal meine Mutter antwortet auf meine Whatsapp – und die liebt mich doch eigentlich und ist auch sonst sehr zuverlässig. Geschweige denn einer meiner Exfreunde, vermeintlichen Freunde, Bekanntschaften und auch nicht mein Notnagel (okay, selbst schuld, wenn man sich überhaupt so was wie einen »Notnagel« warmhält). Aber ich brauche die Likes. Ich brauche das. Neulich habe ich gelesen, dass bei einem Like oder einer neuen Nachricht Dopamin ausgeschüttet wird. Gebt mir meinen Stoff. Dann muss ich eben Fotos verschicken. Schöne Fotos animieren doch den ein oder anderen. Aber ich sehe heute scheiße aus. Fahrradöl, öliges Haar, öliges Gesicht. Ich bin Salatdressing, aber ohne Balsamico und Senf. Ich wollte mich gesund ernähren, hatte aber schon Pistazien und Snickers zum Frühstück, weil die noch im Konferenzraum von gestern herumlagen. Ich kann schlecht NEIN sagen. Andere können gut Dinge aufhören. Ich kann gut Dinge anfangen. Man muss ja auch erst mal mit etwas anfangen, damit man überhaupt etwas zum Aufhören hat! Also Rauchen zum Beispiel. Handysucht. Zucker. Nüsse. Käse. Wodka. Ich sammle Laster. Ich kann viel mit mir anfangen – also solange es Substanzen oder irgendwas zum Konsumieren gibt. Da bin ich weder wählerisch noch streng. Da bin ich tolerant. Ich rauche zur Not auch E-Zigaretten, trinke Amaretto, Bacardi Breezer oder esse Carazza, die Hosentaschenpizza. Analogkäse und Digitalkäse.

Lachen die über mich?

Wann bemerkt eigentlich mein Chef, dass ich eine Mogel-packung bin? Dass ich echte Wissenslücken habe und auch richtige Persönlichkeitslücken. Löcher! Krater! Ich sehe, wie Leute auf der Straße kichern. Lachen die über mich? Ich sehe mein Spiegelbild in einem Schaufenster und schaue extra lange hin (so wie man bei einem Unfall hinsieht, weil man vor Ekel nicht wegsehen kann) und finde nichts, was mir gefällt. Ich hole mir Couscous mit Salat zum Mittages-sen und rauche zum Trost vorher noch eine. Dabei fällt mein »Lunch« runter und der Inhalt ergießt sich über den Fuß-boden. Keiner hilft mir. Keiner sammelt mein Couscous auf. Ich rieche nach Soße. Keiner mag mich. Keiner liebt mich. Kein Kuss Kuss. Eine Frau motzt, weil ich den Weg versperre. Leute steigen über mein Couscous. Ich kann das nicht.

Ich kann das gut. Mich wichtig nehmen. Mich im Negativen so wichtig nehmen, dass sich natürlich alles um mich dreht. Alle reden schlecht von mir. Alle schauen mich so komisch an. Alle meiden mich. Ich habe Pech, Pech mit Fahrradöl und Pappe und Pech mit diesem fragwürdigen Charakter, den ich nicht ändern kann. Ich bin zu laut für die Sensib-len und zu assi für die Intellektuellen. Es sind nicht immer die großen Dinge, die unser Selbstbewusstsein zerstören. Es kann dieser Tag sein, an dem du heulen willst, bloß weil ein Mann in der Bahn dich grimmig auffordert, doch bitte lei-ser zu telefonieren und leiser deinen Kaffee zu trinken. Er schaut dabei finster und unfreundlich und du verlierst mal wieder den Glauben an die Menschheit, das Gute, Freundliche, an den Anstand.

Und dann siehst du den Hass überall. Nazis. Parolen. Feindseligkeiten im Obstladen, im Bus, auf der Straße.

Ich kann auch das gut. Mich abfeiern. Mich freuen über dich, mich, alles eben. Musik. Wenn man ein neues Lied entdeckt und die Haare zu Berge stehen. Bloß nicht satthören, sattsehen. Ich kann mich an der E-Mail eines Kollegen berauschen. Wenn einer lobt. Wenn einer was Liebes sagt. So was kann mich den ganzen Tag glücklich machen. Nein, ich bin nicht immer meines eigenen Glückes Schmied. Ich kann mich nicht vor mir selbst schützen. Und ich will es auch gar nicht.

Außenseiter und Männerträume –
Manchmal ist man innerlich zerrissen

Man sieht es nicht sofort, aber ich bin ein Außenseiter. Ich wollte schon als Kind lieber mit dem Cello-Jungen aus der Klasse spielen als mit den coolen Teenies Joints rauchen. Ich habe trotzdem die Joints geraucht. Und oft sehnsüchtig dem Cello-Jungen hinterhergeschaut. Ich war bei der Schreib-AG »Flinke Federn« statt bei der Trendsetterinnen-Gruppe »Mode Mädchen«. Ich hatte nicht den ersten Zungenkuss, aber ich zwang mich, nicht den letzten zu haben – und nahm irgendwen, bloß um es hinter mich zu bringen. Alle trugen schon Nagellack – ich sehnte mich nach Kakao. Aber ich trank »Kleiner Feigling« mit, um keiner zu sein. Ich dachte an das Cello. Und an Rilke. Aber ich lästerte mit über die Streber. (Die Computer-AG war damals übrigens auch eher für die »Spätzünder« – wie schlau diese IT-Jungs damals waren. Inzwischen brauchen wir sie alle.)

Ich wollte zum Fasching als Meerjungfrau gehen, als hübsche Arielle mit roten Wangen und welligem Haar. Und gleichzeitig wollte ich mich in einen riesigen Pappkarton stellen und als Waschpulver verkleiden. Ariel statt Arielle. Welche Seite war nun echt? Das uneitle Pappkistenmädchen oder die, die sich gern schminkte? Die mit den Gedichten oder die mit der BRAVO GIRL?

Meine Problemzone war nicht mein Po. Meine Problemzone war mein Herz.

Ja, diese Unsicherheit hatte ich von meinem Vater gewissermaßen übernommen. Man schaute immer auf den Blick der anderen, man suchte der Menschen Bewunderung und hatte Angst, zu missfallen. Er, weil er ein eher armer Junge gewesen war, der sich von seinem Elternhaus emanzipieren musste und stets das Gefühl hatte, nicht richtig dazuzugehören. Ich, weil ich mich auch nirgends zugehörig fühlte, vielleicht durch ihn, vielleicht seinetwegen. Ich wollte Plastikwimpern tragen und falsche Fingernägel – und gleichzeitig Brecht lesen und zum Tschaikowsky-Konzert gehen. Ich war den Mädchen zu unangepasst, zu frech und den Jungs zu nachdenklich und zu sensibel.

Aber bei meinem Vater fühlte ich mich verstanden. Dort lag diese uneingeschränkte Erwiderungsgewissheit. Ich brauchte keine Angst zu haben, nicht zurückgeliebt zu werden. Ich musste nicht an meinem Wesen zweifeln. Das allumfassende Bekenntnis war mir gewiss. Stille Wasser sind tief, heißt es. Aber auch die wilden wollen geliebt werden. Selbst der stille Cello-Junge hat irgendwann Sex. Und kifft dabei. Und heute? Heute bin ich immer noch zerrissen. Ich bin tollpatschig und trage gleichzeitig gern hohe Schuhe. Es geht gut. Manchmal.

Ich mache Dinge kaputt und verschicke die falschen Nachrichten an die falschen Menschen. Ich rutsche aus. Jede Pfütze findet mich. Ich bin mein eigener chronischer Versicherungsfall.

Ein Frauenleben heutzutage

Und dabei sollen Frauen doch heute so perfekt sein, Mutter und Mädchen und Männertraum. Hot am Herd, Turnen mit den Kindern, beim Joggen noch Selfies machen, vegan essen und trotzdem bei Kerlen die Fleischeslust hervorrufen. Das alles soll in ein kleines (am besten size zero) Persönchen hineinpassen, Meetings und Charity, drei Kinder, ein Instrument, zwei Sportarten (Minimum; am besten eine waghalsige: Kitesurfen oder so und eine »gesunde«, wie Bikram-Yoga oder Pilates), drei Sprachen, zwei Auslandsaufenthalte, zwei Therapeuten, einen Osteopathen, unzählige Outfits, einen Topjob, mindestens zwei Praktikanten oder drei Angestellte, zwei Allergien oder Lebensmittel-Unverträglichkeiten, drei soziale Netzwerke, einen Apfel am Tag, ein Hybrid-Auto, eine Umweltorganisation, ein Patenkind, zwei Trauzeuginnen, einen schwulen besten Freund, zwei große Reisen pro Jahr, drei Wochenendtrips, die Welt sehen und verstehen, die Kinder fahren und abholen, die Männer lieben und geliebt werden, der Sekretärin ein Geschenk basteln, an die Blumen für die Schwiegermutter denken, sich beim Nachhilfelehrer der Tochter bedanken, zum Elternabend nicht zu übermüdet, aber auch nicht zu gestriegelt aussehen, zum Tag der offenen Tür für die Grundschule, zum Geschäftsessen, zur Geschäftsreise, bloß kein großes Geschäft machen, für die Kita einen Kuchen backen, an Glühbirnen denken, die Schuhe zum Schuster, den Schein nicht verlieren, das Paket zur Post, an Briefmarken denken, mit der Krankenversicherung telefonieren, Rechnungen einreichen, auf den Spielplatz zum Buddeln – nicht vergessen zu Knuddeln, zum Friseur für die Hochzeit der besten Freundin, den Fahrradreifen aufpumpen, die Pumpe suchen, die Pumpe nicht finden, eine Pumpe kaufen gehen, ein Frauenleben heutzutage. Ja, das Bessere ist des Guten Feind.

Da vermisse ich dann meine Sehnsucht nach dem Cello-Jungen und die Zeit der Meerjungfrauen und Waschpulver-verkleidungen. Damals wollte ich gar nicht so sehr dazuge-hören. Ich wollte auch nicht waschen und einkaufen und erledigen. Lieber ein Außenseiter als nach außen perfekt.

Ich kann's sowieso immer noch nicht besser. Ich lebe doch auch zum ersten Mal!

Teufelskreislauf Selbstoptimierung: Warum wir verlernen, Dinge selbst zu tun

Jungsein. Größenwahn. Träume. Du denkst, dein Leben könnte verfilmt werden. Du wartest noch. Auf was Großes.

Du willst heiraten. Aber nicht jetzt. Bestimmt irgendwann mal. Wenn der Richtige kommt. Aber wer soll das sein? Gibt es das denn, »den Richtigen«? Vielleicht wollen wir lieber den Falschen, mit dem wir auch mal Fehler machen können, bei dem wir nicht »die Richtige« spielen müssen, die Makellose, die Eine. Und wenn es dann mit »dem Richtigen« nicht klappt – bleibt man dann für immer allein? So kann es doch nicht sein.

Du willst etwas Besonderes sein – aber nicht Klavier üben. Das Besondere ist ja in dir selbst verankert, erklärst du dir, Lernen und Üben ist für Durchschnittsmenschen, für die Mittelmäßigen. Du musst nichts dafür tun, irgendwer wird dich schon entdecken.

Du glaubst an nichts. Auch nicht an die Liebe? Die Liebe kann man sich nicht verdienen, die bekommt man oder man bekommt sie nicht. Man kann nicht für sie Gewichte heben, sie bekochen oder sie mit Blumen aus ihrem Versteck locken. Aber heute funktioniert doch alles andere so über Effizienz, über Selbstoptimierung. Wieso dann nicht auch die Herzenswelt? Können wir die Liebe optimieren?

Nachts liegst du wach. Das Wachliegen nervt, weil man die Angst und die Ewigkeit antizipiert, sobald man aufwacht. Ich schaue auf die Uhr und hoffe, es sei wenigstens schon 7 Uhr – aber meist ist es 4:25 Uhr oder 3:17 Uhr – und es dauert noch endlos, bis der Lärm der Sorgen vom Presslufthammer auf der Straße verdrängt wird. Also Wachsein, sich gruseln, sich quälen, über unnötige Scheiße nachdenken (Tod. Versicherungsbeitrag zahlen. Zahnarzttermin. Ich rauche zu viel. Warum ruft Katha eigentlich nicht zurück? Arbeit. Die E-Mail vom Chef. Ich kann nichts. Versicherungsbeitrag. Tod. Schnell an was anderes denken. Spaghetti Carbonara, und so dreht sich dann das Karussell des Drecks und schleudert beim Drehen wie ein Töpferkrug Matsch und Schleim an die Innenseiten deines Kopfes.

Tagsüber, wenn wir dann leisten wollen und das Karussell meist wieder mit kleinen Elefanten und Feuerwehrautos bestückt ist, fangen wir ziemlich bald, nachdem wir am Computer sitzen und schreiben oder rechnen sollten, an, eine Kleinigkeit im Internet zu recherchieren (vermutlich war mein Vater auch deshalb so unendlich produktiv, weil er mit der Hand geschrieben hat und FACEBOOK für das Internet hielt) und drei Stunden später müssen wir feststellen, dass wir ein Abonnement für Augencremes aus der Schweiz abgeschlossen und diverse Youtube-Videos über sprechende oder betrunkene Tiere gesehen – aber keine Zeile geschrieben haben.

Dann verfluchen wir das Internet und uns und hassen uns dafür, dass wir so schwach sind und laufend Regale anschauen oder Röcke – anstatt wenigstens schlaue Artikel zu lesen.

176

Wie wir Zeit verplempern

Ein Freund erzählte mir gestern, er habe sich eine neue Matratze kaufen wollen. Aber natürlich wollte er nicht in einen Bettenladen laufen. Wer weiß, ob es da die beste Auswahl gibt. Er wollte das vorher recherchieren. Heute wird als Allererstes nachgesehen, geklärt, geprüft, mit Preisvergleich und Testsieger. Also hatte auch er sich vor dem Matratzenkauf online erkundigt.

Nach dem Material. Zunächst fand er Schaumstoff: Da gab es Kaltschaum oder Komfortschaum. Oder wollte er lieber Latex als Gelschaum. Oder doch Federn? Oder war das alles dasselbe? Und welche Art von »Federkern« suchte er? Und wie sollte der Härtegrad sein? Herstellland? Garantie, Lieferzeit, Marke, für Allergiker geeignet? Ich fühlte mich an den Sketch von Loriot erinnert, bei dem zwei Ehepaare Betten kaufen und darauf herumhüpfen und wippen und wackeln, während Herr Hallmackenreuther (!) ihnen alles über Federkerne erzählt.

Oder soll er selbst die Matratze aus Bonn – denn dort gibt es laut Netz das günstigste und nachhaltigste Modell – nach Hause tragen, schleppen, transportieren? Selbst ist der Mann! Obwohl das heutzutage wohl kaum noch ein Mann behaupten kann, denn wo sind denn die echten Kerle, die einen Reifen wechseln, drei Kisten Bier schleppen, (nein, heute wird der ADAC per App bestellt und die Getränke beim Online-Lieferservice) oder ein Regal alleine aufbauen (dafür wird unter www.myhammer.de lieber ein Handwerker ersteigert)?

Am Ende hatte er keine Matratze – aber sieben Stunden im Internet verplempert. Wir verlernen beim Optimieren, Dinge selbst zu tun. Wir haben keine Zeit für solche Sperenzchen. Lieber zum Sport, zum Botoxen, zum Peeling, zur Rückenmassage, zum Meditieren, zum veganen Kochkurs. Es bleibt kein Platz für Fehler, kein Raum für Makel im System. Es gibt keine Vorfreude mehr.

Waren die Menschen nicht glücklicher, als sie zwischen zwei Matratzen auswählen konnten? Hart und weich? Welcher Kern, welche Feder – was ist gut für den Rücken, wie viel Schlaf braucht der Mensch, was ist hochwertig produziert, preisgünstig, sofort lieferbar?

Und suchen wir bei unseren Männern nicht auch nach Kaltschaum und Härtegrad? Bestellen wir Liebe online wie eine Matratze? Oder sind wir auf Tinder gar entscheidungsfreudiger als beim Bettenkauf? Wir sollten es nicht sein. Denn an der Schlaflosigkeit ist nicht die Matratze schuld, sondern unser eigenes Psycho-Polster.

»Glück gleicht durch Höhe aus, was ihm an Länge fehlt.«

Im Wahn der Selbstoptimierung:
Wir haben doch nur Luxusprobleme?

Luxusprobleme – was für ein blödes Wort! Angeblich haben wir sie alle. Wir Deutschen, vor allem meine Generation. Weil wir Probleme suchen wie Trüffelschweine. Probleme dort, wo keine sind, Phantomschmerz. Phantomproblem. Uns geht es doch so gut!

Wir haben alle Optionen, wir können überall leben, wir sind verwöhnt und sollten eigentlich den ganzen Tag vor Dankbarkeit platzen. Aber haben wir deswegen kein Recht, auch mal überfordert, traurig, sentimental zu sein? Sind denn zu viele Entscheidungen immer besser als zu wenige? Machen Möglichkeiten glücklich – oder nur rastlos, getrieben, unsicher? Jeden Tag müssen wir wählen, und was ist, wenn wir falsch abbiegen?

Probleme? Gibt es doch nicht!
Neulich lernte ich in einem Seminar für Karriere: »Wenn Sie Ihren Chef im Aufzug treffen, sprechen Sie auf KEINEN Fall über Probleme. Dann nämlich werden Sie selbst zum Problem! Verkünden Sie lieber eine positive Botschaft. Dann werden Sie beim Chef als Erfolg abgespeichert.«

Also gut. Arbeitswelt – die Utopie der Problemlosigkeit. Pfeifend hüpfe ich durch die Kantine, ich schwärme von

Siegen, ja prahle schon beinah! Wie gut alles wieder lief: der Computer ist seit Wochen nicht abgestürzt, die Kaffeemaschine intakt, der Drucker legt eigenständig Papier nach, der Pitch ist gewonnen, das Haar sitzt, London, Tokio, New York, die Deals laufen, ich will so bleiben, wie ich bin – weil ich es mir wert bin! »Chef, hätten Sie Zeit für ein Selfie?!« #bestlife #lovemyjob. Aber was ist, wenn ich heute gerade nicht das Milliardengeschäft abgeschlossen und nicht acht neue Kunden geworben habe? Was ist, wenn ich nur Mails beantwortet und ein paar Dokumente gelesen und gefaxt habe? »Haben Sie schon gehört: Ich hatte gestern einen Riesenerfolg am Cola-Automaten: Es kam ein Kaltgetränk heraus – ohne dass ich Geld eingeworfen hatte! Und mein Fax ging durch!«

Dates wie Bewerbungsgespräche

Aber auch bei Dates sollte man nicht über Probleme sprechen. Arbeitslos? Bitte nicht, dann lieber »selbstständig«. Schlecht im Bett? Dann lieber: »commitment-issues« und zu anspruchsvoll für feste Bindungen. Sprechen Sie nicht über Fußpilz, Scheidenpilz, Schimmelpilz an ihren Hauswänden – Pilze aller Art sollte man grundsätzlich meiden. Viren, Bakterien, Gerüche, Ausscheidungen, Geldsorgen, Abmahnungen, Verdauungsschwierigkeiten – es gibt so vieles zu umschiffen.

Aber soll man wirklich immer erzählen, wie absolut fantastisch, »awesome« das eigene Leben ist? Wie ein Modeblogger auf Instagram. Nein, wir haben keine Macken und wenn, dann nur liebenswerte, wir sind vielleicht manchmal ein wenig verwirrt oder einfach »zu leidenschaftlich«, »überqualifiziert«, »unentschlossen«; hach!

Die besten Erfolgsphrasen

»Ich musste für Prüfungen nie lernen!« »Jeder Typ verliebt sich immer sofort in mich! Ach, jetzt schreibt DER schon wieder ...« Was ein Stress! Ich bekomme einfach ZU VIELE Angebote. »In meiner Familie haben übrigens alle sehr gutes Bindegewebe!« »Die Hochzeit war die krasseste Feier meines Lebens.« Ja, dann wird für Junggesellenabschiede mal eben für ein Wochenende nach Las Vegas oder Bali oder in die Dom. Rep. geflogen. Dann werden Hochzeiten in Südfrankreich, Kapstadt oder auf Mauritius gefeiert. Alles muss immer krasser, höher, feuerwerkiger sein. Es gibt Brot aus Champagner und Zauberer, die gleichzeitig noch gemeinsam mit dem Cirque du Soleil Adele-Songs interpretieren. Das Brautpaar kommt auf Jet-Skis in die auf einem See errichtete Kirche, und der Papst spielt Harfe. »Bescheidenheit ist eine Tugend, die man vor allem an anderen schätzt.« La Rochefoucauld

Der Superlativ ist dem Authentilativ sein Tod. Pleiten, Pech und Pannen – bitte nur im Fernsehen zur Belustigung. Wir gehen nicht zum Lachen in den Keller – sondern zum Weinen. Nicht Geiz ist geil, sondern GEIL ist GEIL.

Der schmale Grat

Wo ist der Grat zwischen Angeberei und schlichtem Erfolgsbericht? Wann darf ich mich über mein eigenes Glück freuen und wann erzeuge ich Neid, Frust oder gar Hass? Wird unsere Gesellschaft zu missgünstig oder sollte der Erfolg anderer uns nicht vielmehr inspirieren, motivieren, antreiben? Statt »warum der?« müsste es doch heißen »will ich auch, schaff ich auch«. Aber was ist, wenn ich es nicht schaffe? Dabei denke ich: »Oh, da läuft meine Motivation nackig mit einem Sekt durch die Einkaufspassage.« Und wo ist ein Problem noch ein echtes und darf auch so genannt werden? Oder hat man hierzulande ohnehin ausschließlich Luxusprobleme – und sollte daher einfach die Klappe halten.

»Geld allein macht nicht glücklich, aber es ist besser, in einem Taxi zu weinen als in der Straßenbahn«, sagte Reich-Ranicki.

Recht auf Glück und Unglück

Ja und häufig fällt es Menschen leichter, am Unglück eines anderen Anteil zu nehmen als sich am Glück des anderen zu erfreuen. Man kann auch in einem 5-Sterne-Hotel verdammt traurig und einsam sein. Man kann auch in der Karibik weinen. Aber ich kann und darf auch glücklich sein – einfach so! Ich muss mich nicht dafür schämen, muss es nicht klein machen, damit ich nicht verzogen, prahlerisch oder protzig daherkomme. Denn ich möchte weder zum Weinen noch zum Lachen in den Keller gehen.

Ich bin zum Wegschämen – Kann ich mich jetzt bitte von mir trennen?

Ich schäme mich heute noch manchmal wie ein Teenager. Für andere (was schon schlimm, anmaßend, überheblich ist), aber oft und am glühendsten für mich selbst.

Ja, am liebsten möchte ich eine App erfinden, bei der man ins Handy hineinpustet und ab einem bestimmten Promillegehalt sind bestimmte Telefonnummern blockiert. Es heißt, Sorgen sollte man nicht in Alkohol ertränken. Sie sind gute Schwimmer. Und außerdem sollte man bedenken, dass Alkohol konserviert.

Das WC-Debakel

Neulich las ich, dass ein Mann in einer Kneipe ein paar Bier zu viel getrunken hatte und – als er schließlich berauscht aufs Klo ging – von der Schüssel rutschte. Er blieb zwischen WC und Wand klemmen, konnte sich nicht mehr rauswinden und steckte fest. Nachdem er zwanzig Minuten verschwunden und sein Bier auf dem Tresen bereits warm geworden war, fingen seine Kumpel an, sich zu wundern. Also schaute einer nach und sah ihn dort stecken, die Toilette noch ungespült. Notdurft-Notfall. Auch der Kneipenbesitzer, der schließlich zu Hilfe gerufen wurde, konnte dem Festgeklemmten nicht helfen. Der Fuß steckte festgerammt hinter der Spülschüssel. Klosett-Korsett, Schüssel-Schlamassel. Der Betrunkene ringt mit dem WC – und verliert. Kein schönes Ballett – und dazu noch der Gestank. Also rief der Wirt die Feuerwehr, die das gesamte Klo mit einer Axt zerschlagen musste. Sprung in der Schüssel, zu viel Bier im Rüssel. Herrje, verkaxt. Die Axte des Bösen.

Wie ein fehlendes Handtuch mich
das Fitnessstudio kostete

Peinlich sind leider nicht nur die anderen. Ich war neulich im Fitnessstudio. Ich stand bereits nackt unter der Dusche, als ich bemerkte, dass ich mein Handtuch zu Hause vergessen hatte. Daher konnte ich nicht einmal mehr die Damenumkleide verlassen, um an der Rezeption nach einem Handtuch zu fragen. Da stand ich nun, wie Gott mich schuf und zitterte. Eine Fremde ansprechen und um ihr Handtuch bitten? Zu intim, zu eklig – für uns beide. Ich tropfte und fror. Ich schüttelte mich kurz wie ein Hund, sprang ein paar Mal nackt auf und ab, mit Haut und Haar, als gerade zwei junge durchtrainierte Mädchen (vermutlich Studentinnen) vorbeikamen und mir beim Wackeln und Nacktspringen zusahen – eklektischer Tanz ohne Minimalmusik. »Haben Sie einen epileptischen Anfall?«, fragte die eine, weil ich meine Arme wellenförmig von mir schlug und sie beinah peitschte. Ich hörte auf, tropfte aber weiter vor mich hin. Die beiden hängten ihre schönen, frisch duftenden Handtücher an den Haken und verschwanden gackernd in der Dusche. »Nimm dir eins!«, flüsterte meine frierende Haut mir zu. »Reiß dich zusammen!«, sagte mein Gewissen. Tapfer und gutmenschlich entschied ich mich kurzerhand für die Sauna. Man will sich ja weder mit fremden Federn schmücken, noch sich mit fremdem Frottee trocknen. Ich habe schließlich Anstand und Manieren.

In der Sauna – es war eine gemischte – saßen zwei schwatzende ältere Damen und ein junger muskulöser Typ mit einem Tattoo am Oberarm, das seinem Schweiß, seinen Körperflüssigkeiten trotzte und nicht wie Fingerfarbe zerlief. Ich grüßte freundlich beim Betreten und schwieg dann betreten. Nun, Hinsetzen ohne Handtuch war keine Option. Also stellte ich mich vor den Aufgussofen und drehte mich um die eigene Achse in der Hoffnung, die Wärme möge mich trocknen. »Hey, bist du nicht Laura Karasek?«, fragte mich der Tätowierte. »Ich?«, fragte ich und drehte mich suchend um, als ob vielleicht der Ofen gemeint sein könnte. Nackt kann man sich sexy fühlen – oder würdelos. In diesem Augenblick fühlte ich mich nicht so, als ob ich in einem Musikvideo von Rihanna mitspielen würde.

»Ich bin ein Freund von Basti. Wir haben zusammen studiert«, sagte er. »Ned vastahn«, sagte ich mit dem besten dänisch-holländischen Dialekt. »Min Name is Grietje.« Ich verließ die Sauna, stehend und drehend, schüttelte noch einmal die letzten Tropfen ab und stieg nass in meinen Wollpullover. Das Studio habe ich danach gekündigt. Ja, auch ich führe ein Leben mit viel Würde. Und Wäre. Und Hätte.

Der Google-Verlauf verrät den Charakter

Ich werde wohl nie aufhören, uncool zu sein. Ich schäme mich für meine eigenen Selfies, für mein Online-Dasein. Ich schäme mich für die Musik, die ich auf dem iPod habe – Filmmusik von »Don't cry for me Argentina« bis zu »Circle of life« und dem gesamten restlichen Lion King, Disney-Spektakel. Ich hab auch den Song aus der Merci-Werbung, »Ein schöner Tag« und das »Phantom der Oper« oder »Cats«. Und kann mitsingen! Ich schäme mich, wenn jemand meinen Laptop benutzt, für meinen Google-Verlauf. WEN ich alles gegoogelt habe. Mich selbst. Ex-Freunde. Neue Freundinnen von Ex-Freunden. Ich wirke wie ein Stalker. Und dazu noch dumm, denn: Manchmal muss ich auch Politiker googeln. Oder Landkarten, weil ich nicht weiß, wo Moldawien liegt. Oder ich recherchiere alles zum Thema Doppelkinn absaugen. #Abführmittel

Jeder Mensch ist manchmal peinlich und uncool. Sogar Brad Pitt. Vermutlich. Ich kenne mich einfach zu gut, um mich richtig lässig zu finden. Man weiß, wie oft man gestolpert, gescheitert, ausgerutscht ist. Und jeder hat seine Geheimnisse und mal Kräuter im Zahn (oder wie bei Loriot eine Nudel im Gesicht). Und was lernen wir daraus? Alles kann zum Problem werden. Und alles zum Feind: ein Handtuch, eine Kloschüssel. Daher sollten wir uns nicht schämen, wenn es uns gut geht. Man darf auch mal stolz sein, angeben, dick auftragen. Und man hat ein Recht aufs Uncoolsein. Aber bitte auf dem Klo aufpassen. Rutschgefahr.

So sang schon die wunderbare Hildegard Knef:

Ich möchte mich gern von mir trennen
wenn möglich auf längere Zeit
es reicht mir, mich näher zu kennen
ich mag mich nicht mehr, tut mir leid

Ich nahm auf mich leider nie Rücksicht
von mir tief gekränkt steh ich hier
deshalb nehm ich lieber zur Vorsicht
auf läng're Zeit Abstand von mir

Was kann es denn Schwereres geben
als so mit sich selber zu leben
und dieses eben ein ganzes Leben

Ich wünsche mir andere Nerven
ich such mir 'ne andere Haut
der meinen hab ich vorzuwerfen
sie hat mich noch nie ganz verdaut

Ich möchte mit mir nicht mehr zittern
meist schlaflos im eigenen Bett
mit Angst vor der Welt und Gewittern
vor Post auf dem Frühstückstablett

Was kann es denn Schwereres geben
als so mit sich selber zu leben
und dieses eben ein ganzes Leben

Ich mag meinen belgischen Schrank nicht
ich hasse mein Nussbaumklavier
ich mag auch mein Geld auf der Bank nicht
ach wär ich doch gar nicht erst hier

Ich möchte mich gern von mir trennen
wenn möglich auf längere Zeit
dafür würd ich tagelang rennen
egal wohin, Hauptsache weit

Was kann es denn Schwereres geben
als so mit sich selber zu leben
und dieses eben ein ganzes Leben

Leichtsinn oder Leichtigkeit?
Mein Körper ist ein schutzlos Ding

Wollen Sie mal richtig schlechte Laune bekommen? Dann bitten Sie beim Arzt einfach um das große Blutbild. Alle Werte! Irgendwas Kaputtes lässt sich bei jedem finden.

Ich möchte essen, trinken und rauchen, wo, wann und was ich will! Und ich möchte mein großes Blutbild nicht kennen. Ja, okay, ich stalke auf Facebook die neuen Freundinnen meiner Verflossenen – aber so viel Neugier hab ich dann doch nicht. Blutbild, Feindbild. Das große Blutbild kann deutlich schmerzhafter sein als die SMS deiner Nebenbuhlerin. Eine Art »großer Jahresrückblick«, nur leider ohne Günther Jauch oder Markus Lanz.

Und ich Idiotin bitte neulich beim Arzt noch mit Nachdruck um das große Blutbild. »Können Sie meine Nieren- und Schilddrüsenwerte auch vom Labor testen lassen?«, frage ich. Erst zögert der Doktor. Wir fangen eine Diskussion an. Warum muss man bei Ärzten eigentlich inzwischen um Laborwerte betteln? Manchmal komme ich mir wie ein Schmarotzer vor, nur weil ich meinen Blutdruck in Erfahrung bringen möchte. »Diese Untersuchung ist nicht nötig.« Ich will ja kein neues iPhone und auch kein MRT zu einem Mückenstich oder meinen Fingernagel röntgen lassen – ich möchte lediglich wissen, ob meine Schilddrüse noch arbeitet. Ich bin auch kein Hypochonder. Also bettle ich – Dummerle – um das große Blutbild. Töricht. Denn dabei kommt raus, dass irgendwelche Werte mies sind. Man sollte es alles nicht wissen. Ich werde nie wieder in das Handy eines Mannes schauen und auch nie wieder nach dem großen Blutbild fragen! Als Kassenpatient habe ich gute Chancen, unwissend und unverletzt zu bleiben. DAK steht wohl auch für: Du Ahnungsloser Krüppel ... Kassenleistung schützt vor Schmerz. Vielmehr: Kassennichtleistung. Der chronisch kranke Kassenpatient hat also durchaus seine eigene Firewall.

Seit ich 13 Jahre alt bin, habe ich Diabetes. Ich kann mich an ein Leben ohne die Krankheit (oder, wie mein Arzt sagt: die Kondition) nicht mehr erinnern. Ich weiß nicht mehr, was es bedeutet, sich keine Gedanken über Essen und über den Tod zu machen. Wobei ich als Kind schon dauernd ans Sterben gedacht habe. Ans Essen nicht.

Ich war als Kind und auch als Teenager ziemlich dünn. Manche meinten, ich sei magersüchtig, knochig, drogenabhängig. Ich hatte ständig Durst und meine Blase war der Albtraum für jeden Mitfahrer bei Langstreckenautotouren. Damals ahnte ich noch nicht, dass mein Körper nur versuchte, den überschüssigen Zucker im Blut irgendwie loszuwerden, mich auszuspülen, schwapp. Gegen den Durst trank ich Apfelsaft. In dem war viel Zucker. Also bekam mein Körper noch mehr Durst und versuchte, die Welle mit der Welle fortzuschwemmen. Kein Tsunami. Nur Tsucker.

Ich war als Kind schon irgendwie »zuckerkrank«. Ich liebte Süßigkeiten und hasste normales Essen. Stundenlang stocherte ich im Gulasch herum, schob Portionen von links nach rechts, weil mir der volle Teller peinlich war. Vielleicht schon ein Anzeichen für die sich anbahnende, bald ausbrechende Krankheit. Plötzlich war ich die mit Diabetes. Die mit den Spritzen. Die Jungs fanden die Nadeln interessant. Manche wollten, dass ich sie spritzte. Ich war etwas Besonderes. Auch, wenn das Besondere an mir nichts Erstrebenswertes war.

Meine Werte waren schlecht. Ich hatte keine Lust auf Verzicht und ebenso wenig Lust auf Selbstkontrolle. Immer gab es in meinem Leben die Versuchung des Verbotenen. Ich liebte Zucker mit Hingabe, mit schlechtem Gewissen. Oft aß ich heimlich. Ich bemogelte mich, ich schummelte. Manchmal ging ich als Studentin sogar auf die Uni-Toilette, und sperrte mich dort ein, um zu essen. Ich leugnete die Krankheit, ich leugnete, überhaupt etwas gegessen zu haben. Und es gab schließlich auch keine Zeugen für meine Völlerei hinter verriegelten Klotüren.

Aber was hatte ich mit all den anderen Kranken, mit all den Essgestörten und Autoimmunen gemeinsam? Die Entscheidung. Die ewige Frage nach Risiko oder Sicherheit, nach Genuss oder Gesundheit. Was ist also richtig: das disziplinierte, kontrollierte Leben – oder das Leben in Saus und Braus mit schlechten Werten, aber guten Gefühlen? Bei mir überwog stets die Selbstlüge, die Lebenslust, das Laster.

Reden wir Kranken uns ein, dass es schon »gut gehen« wird, wie ein Mann, der aus dem Hochhaus springt und während des Fallens noch denkt »bisher läuft alles nach Plan«? Die Krankheit lebt auf Kredit, auf Pump, sie ist schmerzfrei – bis sie dich irgendwann erlegt. Aber das tut das Leben sowieso.

Manchmal denke ich, ich sollte der Krankheit dankbar sein. Denn sie hat mich zu dem gemacht, der ich bin. Sie hat mich gejagt, wachgehalten, mir meine Endlichkeit und Vergänglichkeit stets vor Augen geführt. Ich war nie unverwundbar. Aber ich war auch nie satt vom Leben.

Ich will jetzt leben. Ist das nur eine Ausrede für meine eigene Inkonsequenz, eine Beschönigung für Fahrlässigkeit? »Wenigstens lebe ich! Ich lasse nichts aus!« Gibt es gute Blutwerte nur gegen gutes Benehmen? Ist der gesundheitsbewusste, anständige Mensch auch immer irgendwie ein verbissener Langweiler? Oder kann ein Mensch auch wild, witzig und entspannt sein, der sich Rauchen, Trinken, Ausfallen, Ausbrechen, Rausch und Exzess verbietet? Ich wollte mir immer alles genehmigen. Bis der Arztbesuch Ernüchterung in meine Waghalsigkeit brachte.

Ja, Ärzte sind eigentlich unsere Helden. Aber für eine Dreißigjährige hocke ich definitiv zu oft in Wartezimmern. Und zu lang. So viele Kontrollen. Ich bin nicht pflegeleicht. Dagegen ist ein Bonsai-Garten oder ein Hamsterzirkus ein Kinderspiel ... die brauchen weniger Zuwendung und Fürsorge. Warum muss man trotz eines festen Termins beim Arzt eigentlich immer mehr als 60 Minuten warten? Oder gilt das nur für Kassenpatienten? Wozu vergeben die überhaupt Termine, wenn das bloß ein willkürliches Zeitfenster ist, eine Art Telekom-Termin: »Ihr WLAN wird zwischen 11 und 18 Uhr repariert.« Und mein Körper wird auch repariert. Es gibt nur keine Ersatzteile. Vielleicht sollte man wie bei der Behörde einfach eine Nummer ziehen. Der Wasserspender ist leer. Die Praxis ist voll. Das Wartezimmer macht mich traurig, andere Diabetiker zeigen und zeichnen mir eine Zukunft, die nicht sehr rosig ist. Ich sitze quasi in einer Zeitmaschine. Hier sind alle schon alt und krank.

Ein Diabetiker ist irgendwie gelb im Gesicht und offenbar Dialyse-Patient. Ein anderer sitzt im Rollstuhl, hustet heftig (Würfelhusten mit Pasch), hat mehrere Zehen amputiert. Gott – wie sieht so ein halber Fuß bloß am Strand aus? Nie wieder Sandalen, liebe Laura. Reiß dich zusammen. Nie mehr auf Tischen tanzen. Nicht mal deine geliebten Spaziergänge blieben dir. Zwei Füße in High Heels sind sexy – ein einzelner Fuß in einem Gesundheitsschuh mit Einlage eher weniger. Der Mann fragt mich, ob ich ihn hinausschiebe, er will eine rauchen. Es sei »ja eh schon zu spät, um mit dem Rauchen aufzuhören«, sagt er und deutet auf seinen einen ganzen Fuß und den anderen mit nur zwei Zehen.

Auch im Krankenhaus bei den Schulungen trifft man andere Diabetiker. Manche haben noch krassere Essstörungen als ich. Sie spritzen sich wochenlang nicht und nehmen hohe Werte mit dramatischen Lang- und Kurzzeitwirkungen auf sich, nur um abzunehmen. Man wird dünn, wenn man ungesund ist. Ohne Insulin wird man ganz dünn.

Eine andere Frau in unserer Gruppe nahm die Krankheit sehr ernst. So ernst, dass sie seit der Diagnose vor fünf Jahren nie wieder auswärts gegessen hat. In keinem Restaurant. Nie. Wenn sie zu Freunden geht, nimmt sie ihre eigenen Portionen mit. Da weiß sie, was drin ist. Das hat sie abgewogen. Das kann sie berechnen. Ist das denn ein Leben? Es gibt scheinbar nicht nur Helikopter-Eltern. Es gibt auch Helikopter-Menschen.

Ach, ich find Kranksein so unsexy. Männer mit Schnupfen! Das konnte ich nie ernst nehmen. Und auch mich selbst konnte ich lange nicht ernst nehmen. Zwischen 13 und 25 habe ich nicht über meine Krankheit gesprochen. Ich konnte genauso schnell, hoch und lang wie alle anderen. Nur noch schneller, höher und länger und dabei noch rückwärts Salto mit Karaoke singen. Dann habe ich angefangen, die Krankheit zu benutzen. Sie diente mir, ich konnte mit ihr erpressen und rechtfertigen, alles entschuldigen. Ich fühlte mich unangreifbar, unantastbar. Ich konnte, ich durfte, nein: Ich musste mich danebenbenehmen. Ich war schließlich etwas Besonderes! Ich war krank.

Ich wollte gerettet werden. Ich trieb Männer in den Wahnsinn. Ich ließ mir nichts bieten, nichts diktieren, mein Körper gegen mich, ich gegen alle.

Ja, es ist ein schmaler Grat zwischen Leichtsinn und Leichtigkeit. Für Menschen mit einer Immunschwäche oder Krankheit ist die Frage nach der richtigen Dosis oft eine große Herausforderung. Aber manchmal darf man auch unvernünftig sein.

Vernetflixt

Endlich Feierabend. Sie will einen Film schauen. Entspannen. Es war ein Tag voller Meetings und Deadlines. Ihr Freund schaut mit. Sie wohnen schon ein Weilchen zusammen und haben sich nach der Arbeit direkt umgezogen. Chill-Klamotten. Er hat die Kontaktlinsen gegen die Brille getauscht, seine dunkelblaue Trainingshose (die aus diesem Nylonstoff, der so raschelt beim Gehen und der die Haare elektrisiert, wenn man drankommt) und das Sweatshirt an, das sie nicht mag. Sie findet, in Gelb sieht er blass aus. Sie hat sich die Haare zu einem Dutt geknotet und ein bisschen Salbe unter der Nase, weil die Stelle über dem Mund vom letzten Schnupfen noch ein bisschen gerötet ist. Die Salbe ist nicht weiß. Sie ist so dunkelweiß, grauweiß, irgendwie cremig, besonders dick und sitzt wie ein kleiner Schnurrbart über ihrer Oberlippe. Er will über Foodora beim Inder bestellen, sie will lieber irgendwas mit Mais. Sie einigen sich auf Thai. Während sie auf das Essen warten, macht jeder nur »kurz was am Laptop«. Dann klingelt es. Ihr Essen kommt schon kalt an. Sein Essen ist scharf und sie findet, es stinkt. »Die ganze Wohnung riecht jetzt nach Curry.« »Sag mal, hast du die Fernbedienung gesehen?« »Welche, die von Apple TV? Das ist die ganz kleine ...« »Nein, die vom Receiver.« Sie wühlt sich durch die sieben Fernbedienungen, die auf dem Couchtisch liegen. Drei davon sind für Geräte, die sie längst nicht mehr besitzen. Einen alten Receiver. Einen Videorekorder. Fernbedienungen schmeißt man irgendwie nie weg. Aber sie haben vergessen, sie auszusortieren. Eine weitere ist für den Backofen. Den kann man irgendwie per Timer programmieren. Oder war es der Kühlschrank? Der sagt einem nämlich irgendwann, dass man Butter kaufen muss oder schaltet einen Alarm, wenn der Biervorrat sich dem Ende neigt: »Befüll mich!« Das denkt nicht nur ihr Kühlschrank. Auch sie würde sich gern viel öfter befüllen. Aber jetzt sucht sie nach der Bedienung, um den Fernseher überhaupt erst mal anzuschalten. »Aaah, hier.« Ihr Essen ist inzwischen vollkommen kalt. Er hat fast aufgegessen, aber die Soße riecht man sogar im Badezimmer. Sie reißt die Balkontür auf. Dann wird ihr kalt. Sie holt die warmen Socken mit dem »Minions«-Motiv aus dem Schrank. Er hat inzwischen den Fernseher anbekommen. Das Apfel-Logo ist zu sehen. Mehr nicht. Das Internet scheint nicht zu gehen. »Zieh mal den Stecker raus«, sagt sie. Er steht auf und zieht den Stecker. Sie macht das Fenster wieder zu. »Es ist voll heiß hier drin«, sagt er. »Dann zieh doch den Pullover aus.« Den Pullover hat er, seit sie ihn kennengelernt hat. Er ist eingelaufen und verwaschen. »Der steht dir sowieso nicht.« »Der ist aus meiner Uni-Zeit.« Er steckt den Stecker wieder rein. Das Lämpchen leuchtet, aber rot. »Schau doch mal in die Bedienungsanleitung«, schlägt sie vor. »Wo soll die denn sein?« Das weiß sie nun auch wieder nicht. Technik ist doch sein Bereich. Sie macht doch wirklich genug! Er zieht alle Stecker raus, auch den vom Fernseher. Sie sucht weiterhin nach der dritten Bedienung, der für den Receiver. Er hat Soße auf den Couchtisch gekleckert. Sie holt ein Tuch. Die Soße ist in die Rillen vom Holztisch gelaufen. »Na toll. Das stinkt da jetzt vor sich hin.« Er drückt auf drei Bedienungen herum. »Du musst doch erst die Stecker wieder reinstecken.« »Mach es doch selbst, wenn du alles besser weißt.«

Ah, da ist ein Bild. Netflix scheint zu gehen. »Toll, Schatz«, sagt sie. »Was wollen wir überhaupt gucken?« Er will eigentlich seine Serie über Pablo Escobar weiterschauen, sie will »This is us«. »Dein Ding ist mir zu brutal«, sagt sie. Sie schauen erst mal ein paar Trailer für Filme auf Youtube. »Da ist nix dabei.« Und der eine dauert auch über zwei Stunden. Dafür ist es inzwischen fast zu spät. »Ich räume mal die Teller weg«, sagt sie, während er noch zwei Trailer ansieht. Sie kocht sich einen Tee in der Küche. »Willst du auch was?«, ruft sie rüber. Er checkt noch mal seine E-Mails. Sie legt sich hin, schaut aufs Handy, beantwortet drei Whatsapps und surft auf Instagram. »Lass uns doch einfach mal wieder eine Folge Friends schauen. Wie früher.« Er klickt sich durch ein paar Serien und findet dann Friends. »Welche Staffel willst du?« »Ich les was«, sagt sie und schaut sich ein paar Artikel an, die ihre Freunde auf Facebook gepostet haben. Er schaut ein bisschen Friends und ein bisschen Youtube. Sie hat vergessen, den Teebeutel rauszunehmen. Der Tee ist kalt geworden. Und bitter. »Lass uns morgen mal wieder ins Kino gehen«, sagt sie und legt sich schon mal ins Bett.

»So wollt ich doch nie sein ...«, denkt sie vorm Einschlafen. »Morgen mache ich was aus meinem Abend! Vielleicht Sport. Oder Freundinnen. Es soll da diese coole neue Bar geben ...« Er ist vorm Fernseher eingeschlafen. Sie schaut beim Zähneputzen noch mal kurz auf Instagram. »Morgen lass ich das Handy weg!«, denkt sie. Deshalb verschickt sie noch schnell fünf Whatsapps. So wie man ganz viel Schokolade isst, bevor man Diät machen will. Oder Kette raucht, wenn man aufhören will. »Morgen aber! Morgen mach ich alles anders. Und richtig.«

Gern wieder 25 sein? Warum früher nicht alles besser war

Du wärst gern wieder 25? Früher war alles besser, spannender, leichter? Was hättest du alles versäumt, wenn du nicht getrunken hättest! Und was wäre dir erspart geblieben, wenn du nicht getrunken hättest!

Du lerntest, dass man Fotos nicht verschicken sollte, die man nach Mitternacht gemacht hat. Vor allem nicht, wenn es Selfies sind. Aber auch Sprachnachrichten gilt es, zu vermeiden.

Du lerntest, dass man Handtaschen nicht im Fahrradkorb aufbewahren darf, weil die Menschen auch um drei Uhr nachts noch gemein sind – sogar gemeiner als tagsüber – und dein iPhone und deine Schlüssel mehr wert sind als Anstand. Sie klauen dir alles. Sogar deine Medikamente. Sie feiern mit dir und dann bestehlen sie dich. Sie stoßen mit dir an und dann stoßen sie dich ab.

Du lerntest, dass ein Wodkashot wacher macht als Espresso. Du wurdest schöner und schöner. Dein Gegenüber auch. Die Zigaretten schmeckten immer besser. Eine Ungesundheit jagt die nächste. Die Sünden befeuern sich immer alle gegenseitig. Plötzlich war dir egal, dass sein Parfüm zu sehr nach Sport-Deo und Proteinshake-Mann roch. Plötzlich war dir egal, dass du dir die Beine nicht rasiert hattest (eigentlich als eine Art Verhütungsmittel). Plötzlich brachte er dich zum Lachen. Und dann brachte er dich nach Hause.

Wieder umsonst vergiftet. Es ist bereits hell draußen und auch in deinem Kopf macht keiner das Licht aus. Am Ende hast du nur noch eine »versiffte Pfütze im Kopf, die vom Meer erzählt, während du eigentlich längst auf dem Trockenen sitzt.« (Danke, Kathrin Weßling.) Dann schläfst du endlich. Lang, zu lang. Der Sonntag ist verpfuscht. Aber wen schert es, denn: »Die Angebote des Vormittags sind ohnehin zumeist sehr unerfreulich.« Du schaffst es nicht, deine Eltern anzurufen. Du schaffst es aber immerhin, zu duschen.

Die Leere nimmt er trotzdem nicht mit

Abends bist du allein. Einsamer, als die Samstagnacht es dir vielleicht versprochen hatte. Am Samstag hat man viele Freunde. Betrunken sowieso. Sie waren doch gestern alle noch da. Wo sind sie plötzlich hin? Die haben doch mit dir getanzt und dir in den Armen gelegen. Ihr habt gemeinsam gesungen, euch alles verraten − außer vielleicht eure Telefonnummern. Du gehst all deine Whatsapp-Kontakte durch und schreibst denen, die für Ablenkung und Zerstreuung infrage kommen. Allen dieselbe Nachricht, denselben Spitznamen. Copy-Paste. Kachelmann hat's vorgemacht. Mal im Ernst: Who's hard to get on a sunday? Einer kommt vorbei (meist der, der am schnellsten antwortet). Aber die Leere nimmt er trotzdem nicht mit, als er wieder geht. Obwohl du ihn gebeten hattest, den Müll runterzubringen.

Du lerntest, dass du ohne Alkohol auch nicht besser schläfst. Ohne Rausch liegst du lange wach. Und es ist nicht dieses gute, schöne, vorfreudige Wachliegen wie früher vor einem Kindergeburtstag oder Weihnachten. Das Wachliegen ist ein Kampf: Du gegen deinen Kopf. Gegen deine Fantasie. Die Nacht der langen Messer. Alle gewetzt zur Selbstzerfleischung. Aber irgendwann ist alles geschafft. Und du kannst warten bis zur nächsten Schwermut.

Verzettelt und verkalkt – das Problem mit der Ordnung

Ich bewundere Menschen mit Leitz-Ordnern. Bei mir stehen sieben leere Leitz-Ordner im Regal. Für die Steuererklärungen der letzten sieben Jahre. Meine Rechnungen liegen in drei Kommoden, vier Schränken und in zwei verschiedenen Zimmern als Haufen oder als Papierknäuel, um das ein Haargummi gewickelt ist.

Immerhin habe ich mir neulich diese bunten Trennpappen gekauft – in Hellrosa und Hellgelb. Sollen vermutlich den motivierten Ordnungsfreaks mit ihren Pastelltönen gute Laune machen. Laura Ashley für Hefthasen. Frohe Ostern!

Ich will also gestern damit anfangen, die erste Rechnung abzuheften. 2018 wird mein Leitz-Jahr. Leitz ist geil! Mir fällt also eine Arztrechnung in die Hände, die ich noch bezahlen muss. Um Zeit zu sparen, logge ich mich geschwind bei meinem Online-Banking-Konto ein. Dabei stelle ich nicht nur fest, dass ich im letzten Monat definitiv zu viel gegessen und getrunken und online geshoppt habe, sondern auch, dass mein Handyanbieter den Monatsbeitrag für Januar doppelt abgebucht hat. Ich rufe also kurzerhand bei der Hotline an. Um die kostbare Zeit an meinem freien Tag – ich habe extra Urlaub genommen – zu nutzen, suche ich in meinem Haufen (es handelt sich hierbei übrigens um denselben Haufen, in dem auch die Steuerrechnungen versammelt sind) die Fotos raus, die ich meiner Freundin Julia noch von unserem gemeinsamen Sommerurlaub (2015!) schicken wollte. Derweil weist die Stimme in meinem Handy mich darauf hin, dass nur noch zwölf Teilnehmer vor mir warten. Genug Zeit also, um die Fotos für Julia in einen Briefumschlag zu stecken. Ich wende mich erneut dem beeindruckenden Haufen aus Rechnungen und Fotos zu. Darin finde ich nur noch einen einzigen Umschlag – leider hat er eines dieser beknackten Plastikfenster. Bei Fotos eher unpraktisch. Jedes Mal ärgere ich mich über Umschläge mit diesem Fenster! Ein Fehlkauf. Nie habe ich Adresszeilen so aufgedruckt, dass sie in das Fenster passen. Ich bin schon froh, wenn ich das Papier richtig falten kann, dass sie in diese längsformatigen Umschläge passen. Drei Mal! Da hilft auch die goldene Mitte nix. Dritteln statt Halbieren. Falten ist nicht meine Stärke. Also Falten im Gesicht hab ich schon. Aber weder bei Servietten noch bei Falk-Plänen gelingt mir ein hübsches Format (wie gut, dass ich im Zeitalter von Google Maps Auto fahre. Das war immer ein Kampf zwischen diesem Falk und mir. Verfalkt und verkalkt. Origami-Star werde ich definitiv nicht. Wieder ein geplatzter Traum ...) Zurück zum Briefumschlag mit Plastikfenster, da mein Zeitfenster sich langsam zu schließen beginnt. Position zehn in der Warteschlange!

Ich zerreiße also einhändig – die andere Hand hält das Handy – ein Stück Papier, das ich auf die Rückseite der Fotos kleben kann, um dort ihre Adresse draufzuschreiben. Ratsch! Hubsi! Das war eine weitere Rechnung, die ich noch nicht bezahlt hatte! Jetzt ist die IBAN nicht mehr lesbar. Ich suche Tesafilm.

»Es sind nur noch acht Teilnehmer vor Ihnen in der Warteschleife. Haben Sie noch einen kleinen Moment Geduld!«

Wie war noch mal Julias Hausnummer? Normalerweise würde ich Julia eine SMS schicken, aber mein neunter Platz in der Warteschleife ist mir einfach zu wertvoll (zu oft war ich als Kind auf dem vorletzten Platz bei Sportwettkämpfen. Diese ominöse »Ehrenurkunde« kenne ich nur vom Hörensagen). Also gebe ich rasch Julias Straße bei Street View ein und versuche, ihr Haus wiederzufinden. Leider sind fast alle Häuser in ihrer Straße geblockt und verschwommen. Wo sind die Datenschutzverletzer und Stalker, wenn man sie braucht?!

Ich könnte ja schnell bei Julia durchklingeln und sie selbst nach ihrer Hausnummer fragen, andererseits bin ich inzwischen auf Platz 2 in der Warteschleife. Silbermedaille! Ich könnte aber noch mal schnell im Internet nach den Köpfen für meine elektrische Zahnbürste suchen, während ich warte. Da brauche ich dringend neue! Und wann war eigentlich der letzte Zahnarztkontrolltermin? Da muss ich auch gleich anrufen, sobald ich die Handyrechnung reklamiert und Julia nach ihrer Hausnummer gefragt habe. Da war doch auch noch diese Arztrechnung – wo hatte ich die jetzt hingelegt. Also nicht vergessen: Handy, Julia, Zahnarzt! Merk ich mir. Easy. Alles im Kopf. Apropos Kopf: welche Marke hat meine Zahnbürste noch mal? Nicht dass ich da die falschen Zahnbürstenköpfe bestelle! Oral B oder Philipps? Gerade will ich ins Badezimmer gehen, da begrüßt mich die Dame am Telefon mit freundlicher Stimme. Ich schildere ihr meine Situation und sie fragt nach meinem Kundenkennwort. Tja. Da hatte ich doch mal eine Eselsbrücke. Meine Eselsbrücken funktionieren leider nicht immer: Es war eine Band, die ich als Teenager gut fand. Backstreet Boys? Take That? Dr. Alban? Ach, da gab es auch Haddaway und Caught in the Act. Snap – das war sogar mein erstes Konzert ... aber ich schweife ab. Wie war also diese Band? Sie hatte auf jeden Fall eine Zahl im Namen. Oder waren es mehrere?

Da fällt mir mein Kollege ein, der sein Passwort neulich dem Mitarbeiter der IT mitteilen musste, weil sein Computer komplett abgestürzt war. »Bitte nennen Sie mir Ihr Passwort!« »Ach, ich brauch eigentlich gar keinen Computer bei der Arbeit ...« »Nun sagen Sie schon!« »Kann ich das nicht selbst reparieren?« Mein Kollege legte auf. Nachdem sich das Rädchen 56 Minuten lang gedreht hatte, weil alles eingefroren war, rief er erneut bei der IT an. »Nennen Sie mir bitte Ihr Passwort.« »Mein Passwort ist TITTEN3000.«

»Ihr Kundenkennwort!«, bittet die Dame nun etwas weniger freundlich. Mir wird heiß. »Warten Sie!« Ich rattere alle Bands durch, die mir einfallen. »Wie hieß noch mal diese Gruppe, die *Coco Jumbo* gesungen hat?«, frage ich die Dame. »Wie bitte?«, sagt die Telefonhotlinelady. Ich fange also an, das Lied zu singen. »Jajaja Coco Jumbo ...« »Also ich muss Sie nun wirklich bitten, mir Ihr Kennwort mitzuteilen. Ansonsten warten weitere Kunden und Sie müssen erneut anrufen.« »Pet Shop Boys!«, rufe ich verzweifelt. Ich singe noch kurz *The Sign* von Ace of Base, als es Klack macht und die Hotline futsch ist. Von wegen Hotline. Coldline. Eiskalt.

Okay, vielleicht rufe ich doch erst einmal Julia an wegen der Hausnummer. Julia geht nicht ans Telefon. Mist. Dann probiere ich es eben bei ihrer Schwester Hannah. Hannah erinnert mich daran, dass ich mir für Silvester ihr Fondue-Set geliehen hatte. Sie bräuchte es zurück, da sie am Wochenende Gäste habe. Wo hatte ich das Fondue-Set noch mal hingepackt? Silvester ist ja auch schon wieder fast ein Vierteljahr her! Wie soll ich mich da erinnern! Ich verspreche ihr aber, das Set zu suchen und noch heute vorbeizubringen. Also ein weiteres To do für meine Liste. Nur nicht durcheinanderkommen: Erst das Kundenkennwort finden, den Handyanbieter anrufen, die Zahnbürstenköpfe bestellen (und vorher die Marke rausfinden), einen Termin beim Zahnarzt ausmachen, die andere Arztrechnung überweisen und in den Leitz-Ordner heften, den Briefumschlag für Julia frankieren (wo hab ich noch mal meine Briefmarken? Und sind die nicht schon wieder teurer geworden? Was nützt mir diese 65-Cent-Marke vom letzten Jahr?), das Fondue-Set suchen und zurück zu Hannah bringen.

Jetzt ruft Julia zurück. Ich sage Hannah, dass ich auflegen muss, weil Julia anklopft. Julia fragt mich, ob ich schon das Sammelgeschenk für Pauls Geburtstag organisiert hätte. Er wünsche sich einen Backpacker-Rucksack für seine Weltreise. Ich setze mich sofort vor den Computer und recherchiere Rucksäcke. 70 Minuten später habe ich mir diverse Hotels in Südafrika und Namibia angesehen, aber noch keinen einzigen Rucksack. Diese Werbebanner auf den Webseiten sind fatal! Der Rucksack führte mich direkt zu den besten Hotels Kapstadts und so nahm das Tripadvisor-Elend seinen Lauf. Dabei habe ich sowieso kaum noch Urlaubstage – bestimmt nicht für Kapstadt, nein: nicht mal für eine Reise nach Heidelberg. Und warum? Na ja, weil ich meine Urlaubstage so verbringe: mit Fondue, Zahnbürstenkopf und Postleitzahl.

Für 2018 gebe ich mich geschlagen. Aber nächstes Jahr! Nächstes Jahr hefte ich meine Rechnungen ab und mache die Leitz-Ordner voll. Wie in der Werbung: Leitz ist geil. Ich werde mir nie wieder ein Fondue-Set ausleihen – ab jetzt gibt's Salat oder Käseigel, wenn ich Gäste habe – und meine Passwörter und Kundenkennwörter werden alle einfach PASSWORT3000 lauten (ja, Sie können es gern testen!). Dann kann ich endlich in all die Hotels fahren, die ich mir während meiner stundenlangen Aufenthalte auf Reiseportalen schon angesehen habe.

Fünf Tipps, wie Sie auch die tollsten Menschen loswerden können

Sie bekommen zu viele Whatsapps, Sie haben zu viele Freunde, denen Sie einfach nicht mehr gerecht werden? So erleichtern Sie sich um mindestens die Hälfte aller Ihrer Kontakte:

1. Machen Sie viele Selfies. Posten Sie diese Selfies und schreiben Sie drunter #hot #beauty oder #Ialwayswakeuplikethis. Verschicken Sie Fotos von sich per Whatsapp an all Ihre Kontakte – auch gern welche aus dem Urlaub oder von einer Party. Zeigen Sie, wie glücklich Sie sind. Auch denen, die gerade Liebeskummer haben oder sich scheiden lassen. Auch denjenigen, die gerade entlassen worden sind, oder denjenigen, die gerade mit einem Beinbruch im Krankenhaus liegen. #kopfhoch – auch DU wirst wieder happy sein! Schau mich an, auf Capri, im Bikini, ich bin doch auch glücklich, cheers. Sagen Sie Sätze wie »Get over it«, oder »Nimm doch 'ne Kassette auf«. Wenn Ihre Freunde von Liebeskummer und Trennungen sprechen.

Oder: »Sie sehen aus, als könnte ich einen Drink vertragen!«

2. Seien Sie Egoist und Opportunist. Melden Sie sich nur bei Menschen, die Ihnen etwas nutzen oder bringen. Sie kennen einen Restaurantbesitzer? Schreiben Sie ihm erst, wenn

Sie einen Tisch wollen! Und fragen Sie ihn, ob er die gute Flasche Rotwein springen lässt. Ach ja: und Ihre Freundin ist vegan und hat eine Fruktoseintoleranz. Er soll sich kümmern. Sie kennen einen Konzertbetreiber? Schreiben Sie ihm nur, wenn Sie Tickets wollen. Und gern noch danach zum »meet and greet« mit der Band. Zeigen Sie dann allen im Büro Ihr »VIP«-Armband und legen Sie es für die nächsten sechs Wochen nicht ab. Jeder soll schließlich sehen, wo Sie waren!

3. Fragen Sie Ihre Kollegen, warum sie so gestresst und angestrengt aussehen ... der Job sei doch nun wirklich kein »großes Tennis« und Sie würden sich stets eher unterfordert fühlen. Verschenken Sie eine Anti-Aging-Creme und einen Karriereratgeber zum Geburtstag. Stecken Sie dem Kollegen die Visitenkarte eines Psychotherapeuten zu. Lassen Sie Ihre Jacke überm Stuhl hängen und das Licht angeknipst, damit keiner bemerkt, dass Sie längst im Feierabend sind. Beschriften Sie Ihr Essen und Ihre Getränke im Kühlschrank (vor allem die alkoholischen). Haben Sie immer einen Jägermeister auf dem Schreibtisch stehen. Telefonieren Sie immer mit Lautsprecher – auch wenn Sie in der Warteschleife mit Musik sind. Sitzen Sie mit Sonnenbrille am PC. Reden Sie bei Meetings dem Chef nach dem Mund und seien Sie der Einzige, der ihn/sie duzen darf. Erwähnen Sie vor Kollegen, dass Sie auf dem Geburtstag der Kinder Ihres Chefs eingeladen sind. Drucken Sie Visitenkarten, mit einem Selfie drauf. Bringen Sie statt eines Geburtstagskuchens eine vegane Chia-Suppe fürs Team mit (und für die pummeligen Kollegen nur Rohkost. Betonen Sie, dass Sie es gut mit ihnen meinen). Singen Sie »Kopier's mal, mit Gemütlichkeit!« Oder »Tack, tack, tackering on heaven's door!« Oder sagen

Sie zu Ihrer unattraktiven Praktikantin: »Ich lasse Männer-
herzen höher schlagen. Und du Scannerherzen.«

4. Sprechen Sie oft mal eine andere Sprache – mitten im
Satz ein »c'est magnifique« oder ein prätentiöses, distin-
guiertes »en passant« benutztes Französisch – »quel mal-
heur!«. Lassen Sie einfließen, wie international Sie sind. Benutzen Sie Italienisch zum Fluchen. Streuen Sie möglichst
viele Fremdwörter ein. Latein kommt auch immer gut. Oder
Floskeln wie »Ach du grüne Neune!«, wenn ihre Freundin
schwanger ist und »Oh, heiliger Bimbam!«, wenn Ihr Kollege gerade entlassen wird.

5. Sagen Sie einem Mann, dass er der zweitbeste Liebhaber
sei, den Sie je hatten.

Die schlagfertigen Antworten fallen
mir erst abends im Bett ein

Kennen Sie das? Man liegt nachts wach, weil man sich nicht gewehrt hat, als man angegriffen wurde – oder weil man zu feige war, als man mutig hätte sein sollen. Ja, nachts fallen sie einem dann ein, die Reaktionen. Und man möchte am liebsten nachschießen, nachlegen »Hier meine souveräne – leicht verspätete – Reaktion!« Aber Schlagfertigkeit kennt keine Fristverlängerung. Und manchmal bin ich schüchterner, als ich zugebe.

So wie auf diesem Seminar neulich. Eine Woche waren wir in einem Hotel einquartiert, 60 vollkommen fremde, unterschiedliche Menschen, die zu verschiedenen politischen und wirtschaftlichen Themen debattieren sollten. Am ersten Tag gab es mittags ein Buffet und Stehtische. Aber ich esse schlecht im Stehen, das stresst mich, ich kann es nicht genießen. Und als ich schon extra langsam an dem Tomaten-Mozzarella-Spieß-Tablett stehe und mir von der Putenbrustplatte jedes Maiskorn einzeln auf den Teller lege, wird es nicht besser. Ich habe keine Ahnung, zu wem ich mich stellen soll. Ich lege mir noch ein paar Weintrauben an den Rand meines Tellers, von denen die meisten zu Boden kullern. Wieder etwas Zeit gewonnen – und Würde verloren – beim Aufheben. Und jetzt kommt das Traurige: Ich nehme den Teller, schaue hilflos zwischen den Stehtischen und Gruppen hin und her – und fahre schließlich mit dem Aufzug runter, um allein auf der Bettkante in meinem Hotelzimmer zu essen. Das ist nicht arrogant oder gar »busy« – das ist pure Verklemmtheit, Schüchternheit, Dämlichkeit. Denn am nächsten Tag wird es nicht besser. Alle kennen sich bereits, Grüppchen haben sich gebildet – und ich esse auf dem Klo, eingesperrt in meiner Kabine. Darüber werde ich so traurig, dass ich die blöden Hackfleischbällchen (heute ist mir nur EINS vom Teller gerollt, als ich mich am Buffet bediente) in den Mülleimer schiebe, mit der Gabel, schwupp, mitsamt meinem Selbstbewusstsein.

Die Nacht kann der schlimmste Feind des Selbstwertgefühls sein. Gerade nach diesen Tagen, an denen alles schiefgelaufen ist. Der Tee hat die Zunge verbrannt, die Handtasche ist an der Türklinke hängen geblieben, der Nagellack war noch nicht getrocknet, als man die Lieblingsbluse angezogen hat, die Kinder wollten lieber zum Papa auf den Arm, das Fahrradschloss hat so geklemmt, dass man mitten auf dem Opernplatz einen Wutausbruch bekam und mit verkrampftem Gesicht und verbogenem Bein versuchte, an dem Rad oder wahlweise Schloss zu ziehen – bis man das Rad aus Wut getreten und dabei ein Stöhngeräusch von sich gegeben hat, als ob man einen guten Aufschlag beim Tennis versuche. NavRADtilova. Aber das war kein Aufschlag. Es sah eher nach Ausschlag aus, weil mein Gesicht schon rot gefleckt war und mein Absatz sich beim Rangeln und Ringen mit dem Rad in den Speichen verkeilt hatte. Ich zog an meinem Bein, als ein Kollege mit einer – jedenfalls in dem Augenblick äußerst attraktiv erscheinenden männlichen – Gruppe in vornehmen Anzügen vorbeikam. Ich grüßte, am Boden liegend, niedergestreckt vom eigenen Fahrradschloss

213

und mit dem Schlüsselbund wie ein Hundehalsband um den Nacken, würgelos und würdelos. Mein Ohrring hatte sich inzwischen beim Strampeln in meinem Schal verheddert und ich konnte den Kopf nur schräg nach links halten, weil der Schmuck am Ohrläppchen zog (früher ist mir so was auch mal beim Knutschen passiert, da war ich mit einem tollen Mann auf seinem Sofa, als meine goldene Creole – das ist so ein kreisförmiger Ohrring, für die Männer unter uns – in seinem Nasenloch hängen blieb …, es hatte was von Wilhelm Busch, als ich ihm dann versehentlich die Nase lang zog, obwohl ich doch eigentlich seinen Hals küssen wollte). Der Opernplatz in Frankfurt ist ein viel besuchter Ort. Vor allem bei Sonne. An diesem Tag schien – zunächst (das sollte sich noch ändern, es war April) – die Sonne und ich winkte zaghaft vom Boden, während ich den Ohrring und den Schuh zu entknoten suchte … Dann hat die liebe Seele Schuh … Solche Schuhe bleiben auch gern immer im Kopfsteinpflaster hängen. Manchmal ist der Grat zwischen Glamour und Tollpatsch eben doch sehr schmal. Pumps oder Plumps.

Später stürzte noch mein Computer im Büro ab, das bunte Rädchen drehte sich endlos auf dem Monitor (heute hatte ich ein Rad-Problem in jeglicher Hinsicht) und ich musste wieder einmal den IT-Mann anrufen und um Hilfe bitten. Als er kommt, ist die letzte aufgerufene Seite das Facebook-Profil eines Kollegen und ein Chat-Fenster mit von mir versendeten Selfies. »Ich hab was recherchiert …«, sage ich kleinlaut zur Erklärung, als er meinen Bildschirm mustert. Erst kürzlich musste ich mein Büro-Handy bei unseren Computerexperten abgeben. Die IT hat jetzt jedenfalls alle meine Whatsapp-Chats mit sehr fragwürdigen Videos (was einem Freunde halt so schicken, wenn sie betrunken sind), einem Gruselkabinett an Fotos und meinem eigenen Gesang (ich wollte mal hören, wie ich so klinge, und hatte letztens einen Freund gebeten, mich bei meinem Karaoke-Abend aufzunehmen, ausgerechnet Aerosmith mit einem äußerst herausfordernden Song mit Höhen, Tiefen und viel Geschrei). Hätte ich lassen sollen! Wer solche Inhalte hört und sieht, hat sicher keinen Respekt mehr vor der Frau Anwältin (die jedenfalls nicht nur Bilder von sich in einer Robe auf dem Telefon hat)! #notblessed #donotlovemylife

Das Handy ist entblößender und entlarvender als ein Tagebuch (übrigens nicht vergessen, dass Menschen, die im Zug oder Flieger hinter einem sitzen, mitlesen können, wenn man sülzige Liebesnachrichten, übertriebene Wutausbrüche oder Nacktfotos versendet, Geschlechtskrankheiten googelt oder Kontodaten eingibt ... nur ein kleiner Hinweis! Ich habe nämlich schon so einiges auf den Displays vor mir gelesen und gesehen, was gewiss nicht für meine Augen bestimmt war).

Ja, im Suff überschätzt man sich leicht. Und wenn man nüchtern wachliegt, kommen die ganzen Zerfleischungsgedanken wieder. Wie hätte ich die Situation am Fahrradschloss cooler meistern können? Warum habe ich mich gestern auf der Veranstaltung nicht getraut, diese tolle Rednerin anzusprechen? Was hätte ich meinem Kollegen erwidern sollen, der sich so abfällig über Teilzeitmuttis geäußert hat? Durchstreichen und weitergehen, so sollte man es handhaben. Ich habe mir jetzt jedenfalls ein Zahlenschloss für mein Fahrrad gekauft. Und wenn ich nicht einschlafen kann, lese ich mir einfach ein paar gute Witze durch. Vielleicht passt ja irgendwann mal einer, wenn ich wieder schlagfertig sein muss. »Als das Telefon NICHT klingelte, wusste ich, dass du es warst.«

Ist mit 34 die beste Zeit vorbei? Nein, sie kommen wieder, diese »Gigamomente«

»Für 34 sehen Sie gar nicht so schlecht aus!«, sagte neulich einer zu mir, nachdem er mich nach meinem Alter fragte. »FÜR 34!« Als sei ich kurz vorm Rollator. Dabei dachte ich, 40 sei die neue 30 und wir würden alle nicht oder zu spät erwachsen werden. Jetzt also dieser Spruch von einem – wie ich dann erfuhr – 48-jährigen Mann. »Meine Frau war mit 25 eine Granate!«, erzählte er mir später. Inzwischen sei sie – bedauerlicherweise – schon 39. Ich schaute ihn mitfühlend an.

»Sooo alt schon?!« Und der Gipfel an mir und meinem kleinen Ego aus Wackelpudding oder Gulasch war – ich wollte diesem Depp trotzdem gefallen. Ich wollte ihm beweisen, dass ich immer (noch!) mit 34 eine »Granate« war! Ha! Warum wollen wir manchmal genau die Leute beeindrucken, die uns am wenigsten gefallen? Ich wollte ihm etwas beweisen. Aber was?

Ein weiterer Freund sagte mir, er würde keine Frauen über 32 daten. Nicht, weil die nicht mehr »hot« seien – da gäbe es durchaus scharfe Exemplare. Nein, sie seien ihm zu »gefährlich«. »Die wollen dann gleich Kinder und laufen mit einem mobilen Klapp-Altar herum. Da liegt das Brautkleid schon im Schrank und wartet nur auf das Startsignal.«

Männerprobleme in allen Altersstufen

Nun, aber was sagt uns ein Mann, der zwischen 30 und 48 noch Single ist, kinderlos, ehelos? Freak, beziehungsgestört oder schlecht im Bett. Oder hat Mundgeruch. Gonorrhoe? Geiz? Oder alles zusammen. Der wiederum Ü-50-Jährige bringt meist schon ein paar Kinder, Unterhaltszahlungen und Geliebte mit in die Beziehung. Auch nicht optimal.

Ein Teenager? Toyboy? Schwierig wird's nur, wenn man seine Mutter um Erlaubnis fragen muss, ob man unter der Woche mit ihm ausgehen darf. Und Hausaufgaben oder Klausuren sind bei mir nun auch schon ein Weilchen her. Auch wenn das Abitur mir gar nicht so weit weg vorkommt. Ich fühle mich so einer Schülergruppe im Park irgendwie immer noch zugehörig. Vertraut nicke ich ihnen zu, während ich vorbei jogge – und sie an mir vorbei kiffen. Sie erkennen mich nicht als ihresgleichen und verstecken den Joint.

Ein Freund erzählte mir mal, 18 sei die gefühlte Mitte des Lebens. Die Zeit, die vergeht, bis man 18 wird, und die Zeit, die man danach noch lebt, scheinen dem Individuum gleich lang. Deprimierend. Die Kindheit war so endlos. Weihnachten war selbst am 29. November noch unfassbar weit weg. Jeder Frühling war wie der erste und für die Klausur übermorgen hatte man noch ganz viel Zeit zum Lernen! Ach, die verflixte Zeit und ihre Umstellung. Das ganze Erwachsensein ist ein Jetlag. Du kommst nie hinterher, du bist nie ausgeschlafen und nachts liegst du trotzdem wach.

Gibt es noch ein »erstes Mal«? Und wie viele »erste Male« würde das Leben noch für uns bereithalten? Hört das Neue irgendwann auf?

Neulich hat meine Tochter sich mit einer kleinen Babybürste über ihren nackten Fuß gestreift. Sie hat dabei so gelacht, war erstaunt, dass es kitzelt und kribbelt und kratzt. Wann waren wir zum letzten Mal über etwas so rührend Alltägliches erstaunt? Wann haben wir eine Stadt, ein Gefühl, einen Gedanken – zum ersten Mal gesehen, gespürt, gedacht? Wird das Leben irgendwann eine Wiederholung, eine Rückkehr, ein Abonnement? Jeden Sommer in die Toskana, jeden Winter in die Alpen, ein Mal im Jahr Venedig zu zweit? Hat sich alles abgenutzt?

Ich wäre ungern wieder 18. Mein Gott, war ich da unsicher, unsouverän, habe Zigaretten geraucht und dachte, ich würde dadurch aussehen wie Marlene Dietrich. Ich fühlte mich unwohl, wenn ich allein im Café saß. Ich fühlte mich unwohl, wenn ich allein in einen Klamottenladen ging. Irgendwie hatte ich immer das Gefühl, beobachtet zu werden. Und mit 15 war es doch noch schlimmer! Ich hörte Ace of Base, Dr. Alban, Snap und Take That. Ich hatte Poster von 2Unlimited und Haddaway in meinem Zimmer. Ich sammelte Parfümproben und Miniaturschnapsflaschen (die mein Vater oft heimlich verschwinden ließ ... falls sein Digestif wieder einmal leer war. Dann klirrte es aus meinem Kinderzimmer und er verschränkte die Arme hinter dem Rücken, als sei er unschuldig, als habe er nichts angerührt). Wir spielten Wahrheit oder Pflicht, um endlich jemanden zu küssen. Wir kauften bei Benetton und Esprit ein. Wir liebten das Block House und wir tranken Kleiner Feigling oder Apfelkorn. Wir spielten Trinkspiele und wir schämten uns. Ich wurde beim Basketball oder Volleyball immer als eine der Letzten gewählt.

Dafür war ich beliebt, wenn es ums Ausgehen oder Abhängen ging. Ich hing gar nicht so gerne ab. Eigentlich war es mir langweilig, dieses Rumliegen, Rumsitzen, Chillen – auch bei Sonne in dunklen Kellern, in denen gequalmt wurde und Cypress Hill oder Bob Marley gehört. Oder Wu Tang Clan. Gott, was musste man cool sein! Gott, was musste ich cool spielen! Cool tun ist anstrengend. In Wahrheit schlug mein Herz für die Backstreet Boys und für Rilke-Gedichte. Wie schön es doch da ist, 34 zu sein! Ich muss nichts mehr spielen, kann die Musik hören, die ich mag, muss nicht abhängen und liebe es, allein in einem Café oder Restaurant zu sitzen. Ich muss auch nicht mehr so tun, als ob ich auf die Toilette müsste, wenn ich allein auf einer Party stehe (das hab ich jahrelang gemacht, immer wieder hin und her zwischen Bad und Bar. Nur um nicht allein herumzustehen und dabei gesehen zu werden).

Es gibt viel zu entdecken

Oder hatte der Typ recht? Und ich hatte meinen Zenit – wie seine Frau – bereits überschritten, den Höhepunkt des Lebens hinter mir gelassen? Nein, er war einfach ein Idiot mit seinem anmaßenden Kommentar! Warum lassen wir uns von anderen so bewerten und verunsichern? Ich glaube, es gibt keinen EINEN Höhepunkt, keine beste Phase oder schönste Zeit. Es gibt sie immer wieder, diese Gigamomente!

Ja, es gibt sie noch: diese ersten Male! Die Kindlichkeit in uns allen, das Jungsein, das Überraschungsgefühl, die Entdeckung.

Zum Beispiel mit Kindern! Zum Beispiel, wenn man ein Lied zum ersten Mal hört und Gänsehaut hat. Zum Beispiel, wenn man das erste Mal in Dubrovnik ist oder auf einem Wakeboard steht – oder wenn man sich einfach mal mit der Bürste über die Fußzehen streicht und sich freut, wie es sich anfühlt.

Hackbällchen und Stehpartys:
das Elend des Party-Foods

Es ist schlicht unmöglich, die fliegenden Häppchen auf Stehpartys in Würde zu essen. Beziehungsweise überhaupt an DAS zu gelangen, was man essen möchte. Meist kommen bei mir auf diesen Partys nämlich immer nur die bereits abgegrasten Tabletts vorbei, auf denen vor allem abgeknabberte Zahnstocher herumliegen und eventuell noch ein Hackbällchen herumkullert, das allerdings schon voller Pesto von den Tomaten-Mozzarella-Sticks ist, durch die es beim einsamen Tablettballett gerollt ist.

Von Tomaten oder Mozzarella keine Spur mehr. Nur ein verwischter Fleck Senf und das zu einem Schneeball aus Resten mutiertes Hackbällchen, das auf dem Weg über das Tablett alles mitgenommen hat, was sich mitreißen ließ: Soßen, Flecken, Krümel, Kräuter, Gewürze. Nun hat man die Wahl: entweder wird man komplett betrunken, weil man gar nichts isst, oder man beißt schweren Herzens in das Hackbällchen, den Meatball, mit der grünen Pestoglasur und gelben Senfsprenkeln. Aber Hackfleisch stinkt. Und ist irgendwie, nun ja: unsexy. Also lässt man das Kügelchen weiter auf dem Tablett herumkullern und wartet auf bessere Zeiten. Von Weitem erblickt man die Tür zur Küche, aus der Kellner mit vollgeladenen Tabletts tänzeln — allerdings lauern die wirklich Hungrigen natürlich in Küchennähe und greifen das

Beste ab. Manche reißen sogar ein ganzes Tablett an sich und lassen den Kellner kaum aus der Küchentür treten. Aus der Ferne sehe ich etwas, das ein Tartar sein könnte! Und es riecht nach Trüffeln. Riecht! Denn bei mir kommt wieder nur eine angebissene Tomate und ein schon dunkelbraun oxidiertes Fleischpflanzerl an.

Stellungswechsel

Ich muss mich umpositionieren. Also ab vor die Küche. Dort stehen aber meist auch genau die Menschen rum, mit denen man nicht reden will! Der Praktikant, der einem neulich auf der Weihnachtsfeier zu nahe kam, oder die Kollegen, die sich selbst auf den lustigsten Partys nur über neue Anlagemodelle oder edle Rotweine unterhalten können. Nix für mich. Also: Hunger oder Langeweile? Einen Tod muss man sterben.

Für solche Fälle sollte die Handtasche vorbereitet sein: Holen Sie Ihren Schokoriegel raus. (So was nennt man Snackcident: »eating a family sized bar of chocolate by mistake«). Solche Unfälle passieren mir dauernd, retten aber manchmal den Abend (außer wenn man eine Erdnuss zwischen den Vorderzähnen stecken hat).

Ein Kellner macht eine Pirouhette aus der Küche und hat immerhin Sektgläser in der Hand. Also gut – wenigstens sitt und berauscht, wenn schon nicht satt. Auch hier bekomme ich nur noch den Rosé, obwohl ich lieber den Weißwein hätte – aber in der Not trinkt der Teufel ja Fliegen ... beziehungsweise lauwarmen Rotkäppchensekt.

Triefen, tropfen, sabbern

»Vorhin gab es auch Schnitzelchen«, verrät mir ein Freund. Die sind aber längst komplett von unseren Praktikanten und den Küchentürwächtern verzehrt. Ich würde mich ja schon über eine vegane Edamame-Tarte oder einen Grünkern-Spieß freuen.

Wenn man dann endlich mal einen Stick in den Mund bekommt, ist die Mozzarellakugel viel zu groß und der Tomatensaft spritzt beim Reinbeißen in alle Richtungen. Es ist unwürdig, ich esse gebückt, gebeugt, damit keiner meinen Kampf mit dem Zahnstocher und den zwei Bällchen in meinen Mundwinkeln sieht. Es trieft und tropft und sabbert.

Der Schokobrunnen am Ende macht es auch nicht besser. Da dippt man dann überreife Erdbeeren in rauschende Schokolade und hat danach braune Piratenzähne und Kakaoflecken auf dem weißen Kleid. Auch Salatblätter sind gefährlich und zu vermeiden! Alles mit Zwiebeln, Knoblauch, Mohn, Sesam – kein Kunde oder Kollege möchte bei einem Gespräch über die letzten Zahlen und weiteren Schritte gern von einer Sesam-Straße aus ihren Zahnzwischenräumen angelächelt werden. Gurgeln ginge zur Not – mit dem warmen Sekt.

Also gut. Bevor ich rausfliege, soll doch lieber das Essen fliegen und mich bloß nicht treffen. Kleiner Tipp: Vor Stehpartiys und Empfängen satt essen und den Ufos mit purzelnden Hackbällchen ausweichen. Sonst erleben Sie eine Fleischdusche und hätten sich das Parfüm auch sparen können! Beef Saint Laurent.

223

»Werden Sie bloß nicht krank!« – Über den Bürokratiedschungel der Versicherungen

Was habe ich mich neulich wieder mit meiner Versicherung herumschlagen müssen, weil ich ein Hilfsmittel beantragt habe! Es war ein technisches Gerät, dass ich wirklich zur Überwachung meiner Vitalwerte benötigte – gleichwohl behandelte man mich, als ob ich einen neuen Whirlpool umsonst haben wollte.

Aber ich war nicht gierig, ich war schlicht bedürftig. Schamlos ausgenutzt wird man, wenn man nicht auf Augenhöhe ist. Es ist wie in allen asymmetrischen Beziehungen: Sie sind schwächer als Ihr Gegenüber? Schnappen Sie sich eine Waffe oder bluffen Sie. Sonst wird man Sie so behandeln, wie die Kasse mich: mit einem sanften »Jammer nicht. Nimm doch 'ne Kassette auf, die dir zuhört.« Nachdem ich fünf Mal mit der Hotline – übrigens ein Euphemismus, denn HOT war da gar nichts … Ebenso wie der Begriff »Fake News« letztendlich die Lüge adelt und den Bullshit als »News« deklariert, so gaukelt der Begriff »Hotline« einem vor, man sei an einem schnellen, glühenden, quasi brennenden Draht. Die Dame an der Leitung klang aber weder besonders leidenschaftlich, was das Genehmigungsverfahren betraf, noch bot sie mir eine Lösung an. Ich solle meinen Arzt um eine genauere Diagnose bitten. Also wieder ein paar Stunden im Wartezimmer beim Arzt, wieder ein neues Rezept, neues Quartal, Karte einlesen, Kontingent fast erschöpft ... Demnächst muss man vermutlich noch ein Formular ausfüllen und ein Visum beantragen, wenn man überhaupt einen Arzttermin haben will – oder wenn man eine Aspirin kauft.

Erneut musste ich die Hotline anrufen, da ich weder eine Bestätigungsmail noch ein Paket in der Post fand – in der Warteschleife nutzte mir auch meine Drohung, die Krankenkasse zu verlassen, wenig! Die wären ja nur froh, so einen Plagegeist wie mich loszuwerden. Sie könnten ebenso gut den Menschen damit drohen, Trump auf den Mond zu schießen ...

»Bilden Sie sich bloß nichts drauf ein! Ich war auch mal jung. Vielleicht sogar jünger als Sie!«, rief ich der Hotline-Mitarbeiterin entgegen, die anscheinend ein Schülerpraktikum bei der Krankenkasse machte.

Ich war machtlos. Und ich hasse Machtlosigkeit. Ich machte dann noch den Fehler, meine Symptome online zu recherchieren. Googeln Sie niemals ein Symptom! Sonst werden Sie schnell feststellen, dass Sie an einer seltenen tödlichen Krankheit leiden, kurz vor einem Schlaganfall stehen oder jedenfalls in naher Zukunft an einem Blinddarmdurchbruch zugrunde gehen. Inzwischen gibt es ja sogar Apps, die einem bei Fragen rund um die Gesundheit eine Antwort liefern sollen und bei der Diagnose aus erlerntem Wissen die Antwort ableiten. Alles ist besser als noch ein Tag in der Hotline!

Mein Hilfsmittel kam nicht. Ich schluckte also diverse, via Internet bestellte Pillen aus China und Polen (einige wurden leider beim Zoll einkassiert und landeten niemals bei mir).

Aber kaum hatte ich meine Unterlegenheit, meine Niederlage gegenüber der Krankenkasse akzeptiert – nach drei Monaten Wartezeit, fünf Arztbesuchen, vier Hotline-Gesprächen und acht E-Mails – schon landete das Paket mit dem Messapparat tatsächlich bei mir in der Post. Es ist wie überall im Leben: Kaum findet man sich damit ab, dass es nicht klappt, klappt es eben doch. Wie der Ex, der immer auftaucht, wenn man gerade einen Neuen kennengelernt hat.

Gut, manchmal belügen wir uns vielleicht auch selbst; wenn der Ex sich wieder meldet, ist er womöglich noch nicht über uns hinweg, weil er wieder betrunken Whatsapp-Nachrichten schreibt oder unsere Instagram-Fotos liked? Oder könnte es sein, dass er einfach alle anderen Mädels aus seiner Whatsapp-Liste durchprobiert hat und wir eben die letzte Wahl sind? Ist er also sehnsüchtig oder einfach nur unbeliebt und verzweifelt? Sind seine Nachrichten ein Akt der Liebe oder ein Akt der Bedürftigkeit?

Apropos Ex: Glauben Sie an eine Freundschaft mit dem Ex? Machen wir uns was vor, weil einer noch ein sexuelles Interesse hat, das mit der Freundschaft kollidiert – oder ist die Sexualität verflogen, was eine Freundschaft für viele dann irgendwie sinn- und reizlos macht?

Aber ich glaube daran! Jedenfalls mehr als ich an das Genehmigungsverfahren der Krankenkassen glaube ...

Vorsatztaten und Fahrlässigkeiten

Der Januar ist schon halb rum und immer noch halten viele meiner Freunde an ihren Neujahrsvorsätzen fest! Streber! Ich hatte nie Vorsätze – aus dem Strafrecht weiß ich, dass vorsätzliche Taten schärfer bestraft werden als fahrlässige. Bei mir geschehen Dinge – gute wie schlechte – fahrlässig. Leichtsinnigkeit ist meine Stärke – aber auch das nur aus Unachtsamkeit. Vornehmen sollte ich mir nichts.

Und Sie wissen ja: Je weniger man zu tun hat, desto weniger schafft man auch. Seit dem 3. Januar liegt bei mir ein Brief herum, der zur Post muss. Ich habe aber keine passende Briefmarke, es handelt sich um einen dieser Großbriefe, Maxibrief – kostet 1,45 Euro. Oder ist das überhaupt noch so? Müsste ich googeln. Ist bestimmt teurer geworden, weil die Post und die Bahn das einfach immer machen, vollkommen willkürliche Preiserhöhungen. Und dann kommen immer alle Briefe zurück, weil ich so was natürlich nicht weiß und fröhlich drauf losschicke mit meinen Marken von 2016 ... Also muss ich alles neu frankieren, neu verpacken und dann flattern gleichzeitig schon die Mahnungen und Erinnerungen und Aufforderungen ins Haus, nur weil man irgendwie 3 Cent zu wenig auf den Umschlägen kleben hatte und nichts ankam, was längst hätte ankommen sollen. Briefe liegen bei mir sowieso lange rum. Bei so was bekomme ich Schweiß-ausbrüche. Und Panikattacken. Diese nicht enden wollenden Listen an Erledigungs-Steuer-Versicherungs-Formular-

Krankenkassen-Elektriker-Amazon-Rücksende-Bestell-Aufräumarbeiten – ich brauche einen Abflussreiniger für meine To-do-Listen. Jedenfalls schaffe ich es weder zur Post, um die Marke zu kaufen, noch zum Briefkasten (gut, das wäre auch erst der zweite Schritt). Da fällt mir das schöne Gedicht von Ringelnatz ein: »Ein männlicher Briefmark erlebte, was Schönes bevor er klebte. Er ward von einer Prinzessin beleckt – da war die Liebe in ihm erweckt. Er wollte sie wiederküssen. Da hat er verreisen müssen. So liebte er sie vergebens – das ist die Tragik des Lebens.« Der Brief-mark würde heute Brief-euro heißen. Oder Mailmark. Und keine Prinzessin würde ihn mehr belecken, weil alles selbstklebend ist. Gute alte Zeit, als man seine Zunge noch benutzen durfte.

Apropos Zunge: Meine Freunde essen kaum noch feste Nahrung, sondern trinken sich mit Detoxsäften durch den Januar, während ich mich lieber ein bisschen vergifte. Zu wenig Gift bekommt meinem Körper nicht – da wird er gesundschlapp, so müdeerholt, so ausgeschlafenlethargisch. Ich brauche Stress, Gift und ein bisschen zu wenig Vitamine. Mein Körper muss immer irgendwie auf Notwehr geschaltet sein, immer ein bisschen attackiert werden, damit er in Alarmbereitschaft ist, überhaupt in Bereitschaft, zu arbeiten, zu denken, zu leben.

Aber alleine trinken macht keine Freude. Es heißt zwar von Harald Juhnke: »Ich hasse Silvester – da trinken auch die Amateure« oder von Klaus Kinski: »Ich trinke nur mit Menschen, die ich mag – bei Menschen, die ich nicht mag, trinke ich vorher.« Bei mir wird das allerdings ein Teufelskreis: weil ich Menschen, die nicht trinken, eigentlich gar nicht mag. Und weil ich mich selbst auch manchmal nicht mag. Da muss ich mich also eigentlich die ganze Zeit quasi »vorher« betrinken.

Einen Freund fand ich aber, der selbst im Januar mit mir Wein trinken wollte. Ihr wisst ja: In der Not trinkt der Teufel Fliegen ... Auch er hatte einst Vorsätze! Einst! Also verabredeten wir uns bei ihm auf eine Flasche Wein. Die war schnell leer und so mussten wir in den Keller, um Nachschub zu holen. Letztes Jahr hatte er sich am 1. Januar noch vorgenommen, mit dem Mountainbike die Alpen zu überqueren. Er hatte sich also für viel viel Geld ein Mountainbike gekauft. Sich für ebenso viel Geld in einem speziellen Fitnessstudio angemeldet (nur für 12 Monate mit Vorauszahlung, versteht sich), um dort in einem Raum mit wenig Sauerstoff (für die Bergluft, versteht sich) zu trainieren. Außerdem hatte er bestellt: spezielle Schuhe zum Biken, einen speziellen Rucksack mit Trinkschlauch dran (falls der Durst ihn während der Fahrt übermannen sollte), ein Survival-Kit (Pflaster, Taschenlampe, Taschenmesser), ein Zelt, einen Helm, drei atmungsaktive Radlerhosen, Radlershirts, eine Halterung für eine Trinkflasche, ein Stirnband, Armschoner, Knieschoner, Sportsocken im Zehnerpack, Proteinshakes, Vitamin- und Molkeriegel und unzählige Packungen voller Glukose-Mischung (Astronauten-Nahrung, glaube ich – falls der Hunger ihn übermannen sollte), eine Biker-Sonnenbrille und noch irgendwelche Pulver zum Muskelaufbau. Insgesamt gab er für all das einen Betrag aus, für den man auch einen Kleinwagen bekommt – mit Topausstattung. Oder zwei Wochen in einem Luxushotel am Comer See inklusive Massagen.

Wir erreichten also das Ende der Flasche Wein und den Keller. Dort stand: das Mountainbike. Schon leicht verblasst war die Farbe, der Glanz war dem Staub im Keller gewichen. Aus den Reifen schien ein wenig die Luft raus zu sein, sie erinnerten mich an ein »So-sehen-Sie-in-50-Jahren-ohne-Kollagen-aus«-Foto aus einer Broschüre, die bei meinem Hautarzt im Wartezimmer ausliegt. Oder an diese abschreckenden Raucherfotos auf Zigarettenschachteln ... Irgendwas mit Haut, Tod, Krebs, Diarrhoe oder Herzinfarkt. Hach, da sammeln sich so viele hübsche Nebenwirkungen – so was findet man sonst nur auf Packungsbeilagen von Potenz- oder Diätpillen aus Thailand. Jedenfalls fragte ich, ob er das Rad schon mal benutzt habe. »Noch nicht ...«, sagte er. NOCH! Neben dem Rad lagen eingeschweißt in Plastikverpackungen all seine Radler-Accessoires, Trainingshosen, Pulver, Riegel, der Helm ... Es war der Friedhof der Vorsätze! Und ich liebte ihn dafür. Wir holten uns drei Flaschen Wein nach oben und ließen die Riegel mit ihrem bereits überschrittenen Mindesthaltbarkeitsdatum im Keller liegen. Obwohl er die Alpen nicht überquert hatte und ebenso wenig an den Comer See gefahren war, wirkte er kein bisschen unglücklich.

Lasst uns unangepasst und weniger beschämt sein!

Freundinnen, Leserinnen, Kritikerinnen – fallt Ihr auch manchmal auf Klischees rein?

Ich schon, fürchte ich. Ist es dumm, dass ich der weiblichen Zahnärztin mehr Sanftheit zutraue und dem männlichen Fitnesstrainer mehr Aggression? Wenn ich die Service-Hotline anrufe, hoffe ich, dass ein Mann meinen Computer repariert, und wenn ich ein Umzugsunternehmen beauftrage, ist es mir lieber, wenn es nur Männer schickt.

Bin ich deshalb etwa frauenfeindlich oder Chauvinistin? Und Achtung, jetzt kommt noch eine schlimmere Beichte: Ich liebe Komplimente und mir macht eine Bemerkung über mein Äußeres nichts aus – es sei denn, sie ist kritisch! Ich fühle mich durch ein Kompliment weder angegriffen noch reduziert. Als ich meinem ersten Chef sagte, ich wolle mal eine Woche erleben, »bei der sich Kollegen nicht über mein Outfit äußerten«, erwiderte er: »Das wäre eine harte Woche für dich.« Und vermutlich hatte er Recht.

Ist es denn wirklich schlimm, wenn jemand sagt: »Da freuen sich aber unsere Kunden, wenn eine Augenweide wie Sie mitkommt!«. Oder: »Wenn Sie am Meeting teilnehmen, sind die Männer ja noch aufgeregter!« Stellt er dadurch meine

Kompetenz infrage? Bin ich schon so infiziert von diesem Ding, dass ich nicht mehr zwischen Sexismus und Charme unterscheiden kann?

Wo hört das Kompliment auf, und wo fängt Sexismus an?

Machen Komplimente uns klein?

Ich hatte sogar mal eine Praktikantin, die sich beschwerte: »Immer sagen alle nur etwas über meine Arbeit, meine Leistung – nie bemerkt jemand was über meine Frisur oder meine Klamotten.« Sie gebe sich solche Mühe. Sie wollte nicht als Streberin, als Büro-Neutrum wahrgenommen werden, sondern als Frau.

Wollen wir wirklich in einer total entsexualisierten, politisch korrekten Welt leben? Ich habe nichts gegen einen frivolen Spruch, solange er humorvoll ist. Ich will locker bleiben, weil ich eine gewisse Entspanntheit auch von anderen erwarte. Und ich rede hier gewiss nicht von dem widerlichen Weinstein – sondern von harmlosen Komplimenten.

Die Empörung ist so anstrengend! Hat die Bemerkung über die Haare wirklich so getroffen, verletzt, herabgewürdigt? Seriously?

Trotzdem ist es falsch, dass diejenigen, die sich gegen Kommentare wehren, als eingeschnappte, zickige Schnepfen, als untervögelte Petzen beschimpft werden. Denn kommt es nicht darauf an, wie wir uns wehren? Ich wäre immer bereit für einen Konter, einen Gegenwitz, einen frechen Spruch. Aber ich fülle gewiss kein Formular aus oder leite rechtliche Schritte ein, weil ein Kollege mein »Lächeln« mag oder

»sich nicht mehr konzentrieren kann«, wenn ich denn Raum betrete.

Er ist doch auch nicht sauer, wenn ich ihn bitte, mir beim Drucker zu helfen und anbiete, ihm einen Blaumann mitzubringen. Ist es also sexistisch, von Männern zu verlangen, dass sie Technik beherrschen und Handwerken können?

Die bumsende Feministin

Neulich las ich in einem Interview mit Virginie Despentes (ihr Film »Baise-moi – Fick mich« wurde wegen Sex und Gewalt verboten): »Ich gehöre zur Pro-Sex-Fraktion des Feminismus. (...) Ich bin mit einigen Pornostars eng befreundet und bin überzeugt, dass das Hauptproblem, mit dem sie konfrontiert sind, nicht der Job selbst ist – sie sagen, sie performen mit Vergnügen, und das glaube ich ihnen. Nein, das wirkliche Problem ist, dass sich die anderen beschämt fühlen von dem, was sie tun.«

Ja, wir alle kennen das Gefühl von »Du passt hier nicht rein«. Lasst uns alle etwas weniger reinpassen, etwas weniger beschämt sein!

Sie mögen Ihre Verwandten nicht?
Drücken Sie's in Geschenken aus

Adventszeit, Kerzenschein, Glühwein, Oratorium – aber auch das: Geschenkeolympiade!

In jedem Magazin finden Sie zu Weihnachten (beziehungsweise ab Ende August) neben Rezepten für vegane Quinoaplätzchen und Glühwein aus gegorener Avocado auch liebevolle Geschenkideen mit Verpackungstipps: der Beefer für den Mann, Thermomix für die Frau? Oder das süße Kettchen und ein i-Gadget für den Kerl?

Aber auch ich lasse Sie nicht im Stich. Sie wollen Schluss machen und wissen nicht, wie? Sie haben eine lästige Schwiegermutter, die stets Ihre Aussprache korrigiert, oder einen Onkel, der immer Ihren besten Wein leer trinkt, wenn er zu Besuch kommt? Wehren Sie sich! Schenken Sie sich Feinde!

Meine Freunde und Bekannten haben mich bereits inspiriert und ich möchte Ihnen meine Erfahrungen und Ratschläge nicht vorenthalten.

Hier die Charts der besten Geschenke

1. Hochzeitstag: Machen Sie's wie mein Kollege. Er feierte mit 50 guten Freunden seine Silberhochzeit und lud zum großen Fest mit Torte und Sekt. Eine Rede hielt er nicht. Dafür präsentierte er seiner Frau stolz sein Geschenk. Die gesamte Feiergesellschaft musste in den Garten gehen und das Präsent bewundern: eine Fahnenstange! Zu allem Überfluss betätigte sich der Ehemann noch am Mast, um die Flagge zu hissen – sie bewegte sich sehr langsam und schleppend gen Himmel und der Mann bat zwei weitere Männer um Hilfe – bis die Flagge auf der Hälfte der Strecke stecken blieb. Halbmast. Verhisst. Kein Must-have, sondern ein Mast-not-have. Flagge ist kacke. Schenken Sie mir lieber Alkohol und die Fahne am nächsten Tag ... Rausch macht glücklicher. Ansonsten: Verhiss dich!

2. Weihnachten: Eine Freundin von mir bekam von ihrem Liebsten im vergangenen Jahr ein wahrlich romantisches Geschenk. Ihr neuer Freund Jens durfte zum ersten Mal bei ihren Eltern Weihnachten feiern. Nachdem sie gemeinsam am Baum gesungen hatten, suchte sie freudig nach seinem Geschenk und packte es vor den gespannten Augen der Eltern und Großeltern aus – ein Epiliergerät! Im nächsten Jahr bekam sie übrigens eine Rheumadecke. Im übernächsten Jahr waren die beiden getrennt ...

3. Auch romantisch: Ein Freund von mir schenkte seiner Frau zum 40. Geburtstag nicht etwa einen Diamanten oder ein schönes Kleidungsstück. Noch nicht mal ein nützliches Ding wie eine Kaffeemaschine oder ein tolles Buch. Nein! Sie bekam von ihm einen Bienenstock geschenkt. Piekst, erfordert Pflege und ist nebenbei auch noch KOMPLETT unnütz.

Da wäre selbst eine elektrische Zahnbürste sinnvoller gewesen. Vielleicht wollte er ihr damit sagen, dass ihre Liebe immer noch Honig produziere. Aber ich würde sagen: Der Stachel sitzt tief.

Apropos Kaffeemaschine: Eine Freundin von mir bekam mal eine solche von einem Freund geschenkt. Damals war sie enttäuscht. Heute ist sie sehr froh darüber, denn die beiden sind inzwischen getrennt und sie benutzt die Maschine täglich – ohne dabei sentimental zu werden. »Ein Ring hätte mich doch nach der Trennung viel trauriger gemacht.« Falls Sie also den zukünftigen Verlust vorbereiten und den Schmerz präventiv lindern wollen: Schenken Sie unemotionale Dinge mit praktischem Wert; ein Blutdruckmessgerät vielleicht oder Hühneraugenpflaster. Gut kommen auch Medikamente und Vorratspackungen Blasentee.

4. Aber auch dem Mann von heute können Sie als Frau ein sexy Geschenk machen: Eine gute Freundin von mir dachte sich wohl »Hey, mein Freund liebt Mathe und hat BWL studiert … was könnte ihm besser gefallen und was wäre nützlicher als ein mit seinem Namen gravierter Zirkel. Und ein versilbertes Geodreieck!« Die Vermessung der Welt war dann aber doch nichts für ihn. Er hätte den Betrag lieber in Geld ausgezahlt bekommen – nun zeichnet er Kreise und Kreise und die Beziehung dreht sich auch im Kreis. Der Kreis ist heiß? Nicht wirklich. Dann fast lieber Quadratlatschen … Im nächsten Jahr gab es das Buch »Wie Sie Angelköder selber machen« – aber auch das löste bei ihm keine euphorischen Liebeswallungen aus.

5. Ein Paar bekam übrigens neulich zur Hochzeit fünf Windlichter geschenkt. Fünf! Soll das dann so was wie »Wir schaffen es auch gegen den Sturm« bedeuten? Bei einem davon war sogar eine Kerze mit dabei! Allerdings war der Docht schwarz und verriet seine Nicht-Jungfräulichkeit. Auf der Kerze stand auch noch »Augsburg grüßt den Rest der Welt«. Anscheinend eine weiterverschenkte Gabe.

Falls für Sie noch nichts dabei war: Versuchen Sie es mit einem Gutschein von Starbucks oder vom Maggi-Kochstudio.

Der Deal mit Gott – warum wir nur in der Not Fliegen fressen

Wir sind Opportunisten. Wenn uns die Sonne aus dem Arsch scheint, vergessen wir unsere Demut, unsere Versprechen, manchmal sogar unsere Manieren. Wir werden übermütig, vielleicht rücksichtslos. Aber wenn wir Angst haben, uns bedroht fühlen oder gerade mal wieder auf die Schnauze geflogen sind, geloben wir, ein besserer Mensch zu werden. Ab jetzt! Für immer! Nie wieder motzen, nur noch huldigen. Wir schwören den Sünden ab und sprechen mit Gott, mit dem wir sonst nie sprechen. Oder jedenfalls viel zu selten. In guten Zeiten fehlt der Bedarf, der Hunger, die Not. Wir sind abwesend, weil unser Leben zu anwesend ist. Aber dann auf einmal, wenn's ernst wird: Beten statt Baggern. Gotting statt Ghosting. Wir bitten Ihn um Hilfe; Ihn, an den wir eigentlich nicht glauben.

»Ich wünschte, Gott schickte mir ein klares Zeichen. Zum Beispiel in Form einer namhaften Einzahlung auf ein Schweizer Nummernkonto.« Woody Allen

In der Not frisst der Teufel Fliegen, heißt es. Bei mir ist die Not das Fliegen – und der Teufel der Pilot. Er steuert meine Angst, meinen Kontrollverlust, meine Panikattacken. Ich habe Flugangst. So sehr, dass ich mir schon diverse Beruhigungspräparate, Kräuter, Salben, alkoholische Getränke,

Atemübungen, Globuli, Tees, Kieselerde, Ablenkungsmanöver und die dümmsten Handyspiele einverleibt habe. Candy
Crush statt Toilet Flush. Tavor gegen Turbulenzen.

Tomatensaft für die Willenskraft (»Ich habe keine Angst.
Das Flugzeug ist das sicherste Verkehrsmittel«, murmele ich
gebetsmühlenartig vor mich her). Statt eines Erfrischungs-
tuches hätte ich lieber ein Betäubungstuch. Einschlafen
vorm Start, aufwachen nach der Landung.

Ich wäre einfach gern ohnmächtig. Eine Pille, die noch erfunden gehört: Sedierung mit Timer. Für 9 Stunden nicht
am Leben – und man wacht in Kapstadt auf, ohne Herz im
Höschen – wie Dornröschen. Oder eine App: Snapfly statt
Snapchat. Wer will schon Fotos verschicken, wenn man
Menschen verschicken könnte? Sich selbst als Anhang, nie
wieder Notausgang, Leuchtstreifen am Boden und Sauerstoffmasken. Warum gibt es keine Vorspultaste, wenn es inzwischen für alles Knöpfe und Effizienzmechanismen gibt?
In 100 Jahren lachen die Menschen wahrscheinlich über
uns. So wie wir über die, die noch glaubten, die Erde sei eine
Scheibe, oder diejenigen, die noch in eine ganze Bibliothek
durchstöbern mussten, um zu recherchieren. Ohne Internet! Und wir: noch mit Boarding Pass und Reisepass, how
very yesterday.

Dass die Schwimmweste auf Englisch Life Vest heißt, macht
die Sache auch nicht besser. Ich habe zwar keine weiße
Weste, aber mein Leben möchte ich auch nicht von einem
aufblasbaren gelben Plastiksack retten lassen, in den ich
noch selbst pusten muss. Ein letzter Ton auf der Trillerpfeife.

Na gut, wenigstens diese Wasserrutsche könnte Spaß machen – das wäre vielleicht ein kleiner Trost, wenn mein Flieger mich schon nicht nach Florida ins Disneyland bringt, dann immerhin in eine Art Wasserpark-Abenteuerland.

Wobei ich schon bei manchen Junggesellenabschieden im Flieger dachte, ob ich mehr Angst vorm Absturz oder vor der Bierbombe haben sollte. Die Hälfte der Teilnehmer steht schon am Flughafen in dem kleinen Raucherkubus, der Nikotinglocke, um dann stinkend und mit lauter Musik die falschen Plätze einzunehmen. »Sie sitzen auf meinem Platz.« »Komm doch auf meinen Schoß«, rülpst der eine mir entgegen. Der neben ihm hat meine Handtasche mit der Kotztüte verwechselt.

Ich muss an Loriot denken, der diesen wunderbaren Sketch über das Fliegen gemacht hat, die Unbequemheit der vollgestopften Tabletts mit viel zu heißem schwappendem Kaffee. Der, der in der Mitte sitzt, hat einen riesigen Blumenstrauß dabei (die in der Mitte haben immer irgendwie ein Surfbrett, ein Möbelstück oder eine Harfe dabei oder zumindest einen sehr großen Hut auf dem Kopf), und der, der am Fenster sitzt, hat immer eine Blasenschwäche oder Diarrhoe. Oder niest sehr viel. Flugzeugallergie. Oder man wird angequatscht vom Nachbarn, der entweder a) sich gerade scheiden lässt oder b) Mundgeruch hat oder – siehe Loriot – c) Gedichte zum Besten gibt (und das, obwohl man Rilke liebt): »Mein Vetter, der schreibt auch Gedichte: Ich muss die Nase meiner Ollen an jeder Grenze neu verzollen.«

Immerhin vergisst man darüber seine Angst. Nur wenn es wackelt, sehnt man sich den Alkoholpegel des Junggesellenabschieds herbei – Stumpf ist Trumpf!

Wie überwindet man seine Angst? Am schlimmsten ist das Antizipieren, die Angst vor der Angst, die Erwartung des Unbehagens, wenn es schlackert, schaukelt und ruckelt und nur der Zufall unser Überleben garantiert. Ja, der Kontrollfreak in mir kann sich nicht in die Hände eines anderen Menschen begeben. An die Unfehlbarkeit dieser Lebewesen – und somit auch ihrer Konstruktionen – habe ich nie geglaubt. Bei mir sind nicht mal die Papierflieger geflogen. Mein Computer stürzt doch auch ständig ab ... Fliegen ist irrational. Wir sollten nicht übermütig werden, wir Menschen, die wir glauben, die Welt und den Himmel überlisten zu können.

Also versprechen wir, uns nie wieder daneben zu benehmen, niemals mehr zu lügen, eine sinnvolle Aufgabe zu übernehmen, unseren Feinden zu vergeben, unseren Nachbarn jede Woche selbst gebackene Brötchen vorbeizubringen, den Egoismus für immer über Bord (Hauptsache wir bleiben lebendig AN Bord!) zu werfen. Nie mehr Alkohol! Nur noch Spinat, Rückgrat und Format. Wir werden unseren Job kündigen und für wohltätige Zwecke arbeiten, wir werden helfen und retten.

»Es gibt schlimmere Dinge im Leben als den Tod. Haben Sie jemals einen Abend mit einem Versicherungsvertreter verbracht?« Woody Allen

Und dann kommen wir an – heil, unversehrt. Wir schalten sofort das Handy ein und denken, gleich müsste eine Symphonie aus aufgestauten SMS und WhatsApp-Nachrichten erklingen. Aber dann piept es nur ein einziges Mal! Obwohl das Handy acht Stunden im Flugmodus war. Und die einzige SMS, die wir erhalten, lautet: »Willkommen im Ausland. Auch hier telefonieren Sie günstig zum Cosmo-Tarif ...« Und schon ist die Nahtoderfahrung aus dem quietschenden und knarzenden Flieger vergessen. Wir schreiben wütende Nachrichten an alle, die sich nicht von uns verabschiedet haben, wir kaufen uns noch am Flughafen eine stupide Zeitschrift, Zigaretten und Alkohol und fragen uns, ob wir nicht doch dem kotzenden Junggesellen unsere Handynummer hätten geben sollen – weil der scheinbar der einzige Mensch ist, der unsere Handynummer tatsächlich nutzen würde. Oder ob wir nicht lieber ins Wasser gerutscht wären bei einer spektakulären Ozeanlandung. Dann hätten wir was zu erzählen. Und das Handy mit all seinen nicht erhaltenen Nachrichten wäre im Meer versunken.

Wir ärgern uns, dass der Koffer nicht kommt – anstatt uns zu freuen, am Leben zu sein. Wieder keine Supernova. Nur Rimowa.

Motzen, nicht kleckern!

Ich gebe ja zu, dass ich manchmal Dinge tue, die vielleicht unpassend sind. Man sollte nicht jede Party als Letzter verlassen. Manchmal sollte man einen BH tragen. Man muss seinen Kinderwagen möglicherweise nicht mit auf ein Straßenfest nehmen. Man muss seinen Reisepass an der Sicherheitskontrolle vielleicht griffbereit haben ... Aber: Manchmal hat man ja seine Gründe. Oder einfach leider zu viele Snacks in der Handtasche, sodass man nicht sofort an den Reisepass kommt. Und ich wühle da zwischen Müsliriegeln, Bananen (schon leicht aufgeplatzt und ausgequetscht, weshalb Bananenmus an meinen Kosmetikartikeln klebt), Hausschlüsseln und Lippenstiften auch nicht schneller, wenn Sie hinter mir drängeln, stöhnen und mir motivierend »Machen Sie mal hin, Blondie! Hier wollen noch andere fliegen!« rufen. Motzmanie! Früher hieß es: Klotzen statt Kleckern. Heute heißt es anscheinend: Motzen und Meckern.

Szene eins: Der Frühling ist da! Ich will Freunde auf einem Platz in der Stadt treffen. Es ist Straßenfest. Tausend Stände und Buden verkaufen Weine und Würstchen. Ich bin gut gelaunt und trage eine Sonnenbrille und zum ersten Mal in diesem Jahr keine Jacke. Es ist Samstag und ich packe meine Zwillingskinder in den Doppelkinderwagen! Sie sollen natürlich mit! An die Sonne, an die Luft. Als ich auf dem Platz ankomme, die Kinder dösen selig in ihren Sitzen vor sich hin, finde ich meine Freunde nicht sofort. Also schiebe ich mich mit dem Wagen durch die Massen, alle Leute stehen herum, trinken Wein, atmen Gezwitscher. »Entschuldigung«, ich muss ein bisschen Slalom durch die trinkende Menge fahren und entdecke meine Freunde auf der anderen Seite des Platzes. Da sagt eine Frau hinter mir: »Was will DIE denn hier mit ihrem scheiß Kinderwagen? Kann die ihre Gören nicht zu Hause lassen.« Ich bin fassungslos. Da steht diese Frau in der Sonne und trinkt – und hat trotzdem noch so schlechte Laune. »Wenn Sie keine Menschen mögen, bleiben Sie doch besser zu Hause«, entgegne ich. Eine Frau neben mir mischt sich ein: »Genau! Diese Kinder zahlen irgendwann mal Ihre Rente!«. »Was bist du denn für 'ne Mutter? Nimm erst mal die Sonnenbrille ab, bevor du mit mir sprichst!«, motzt die erste Frau mich weiter an. »Ich muss zu meinen Freunden. Schönen Tag noch. Es ist Frühling!«, sage ich und gehe weiter. Innerlich zittere ich. Wie kann jemand so sein? Wie kann jemand Kinder so hassen? Was habe ich ihr getan? Jetzt bloß nicht weich werden ... Denke ich noch. Die Sonnenbrille versteckt die Tränen. Heuschnupfen? Heulschnupfen.

Szene zwei: Ich sitze im Zug. Auf dem Weg nach Berlin, eine große Geburtstagsfeier. Ich habe es – als arbeitende Mutter – nicht geschafft, mir zu Hause noch die abgeblätterten roten Fingernägel neu zu lackieren. Ist ohnehin immer schwierig mit den Kindern. Die wollen nämlich nicht warten mit dem Hochheben und Umarmen, bis der Nagellack getrocknet ist. Jedes Mal verschmiert irgendwas an mir oder meinen Zwillingen. Ich musste schon eine meiner Blusen und drei Strampler wegwerfen, weil die roten Nagellackspuren nicht mehr zu beseitigen waren. Ich sage zwar immer: Mach nicht zweimal denselben Fehler – mach ihn fünfmal, nur um sicherzugehen; aber langsam gehen mir die Klamotten aus. Also zu Hause bleibt keine Zeit. Im Zug aber hat die junge Frau von heute und Mutter endlich mal Zeit für sich. Entschleunigung. Eigentlich will ich ein Buch lesen und vier Zeitungsartikel, die ich mir extra rausgerissen und mitgenommen habe. Vier Stunden also Ruhe und Bildung. Und: Spa-Programm. Beauty. Statt zu lesen, schaue ich erst mal aus dem Fenster und höre Musik. Wer braucht Bildung, wenn man auch tagträumen kann? Lesen kann ich später. Die Realität ist für die, die ihre Träume nicht aushalten.

Als ich eine Stunde vor Berlin meine gesamte geheime Playlist (nur Schnulzen und Klassik) durchgehört habe, fallen mir meine Nägel wieder ein. Gelesen wird dann auf der Rückfahrt. Also hole ich den Nagellack raus und lackiere. Der Zug ruckelt etwas und ich bin linkshändig und ungeschickt, aber der Daumen hat schon mal geklappt! Stolz schaue ich den Finger an – kaum was überlackiert. Gerade will ich mich dem Zeigefinger zuwenden, da steht der hinter mir sitzende Mann auf und sagt: »Sagen Sie, spinnen Sie?« Ich erschrecke – und rutsche natürlich mit dem Lack auf dem Finger aus. Alles daneben. »Sie verpesten hier die ganze Luft! Haben Sie kein Zuhause?« Ich bin ob dieser Aggressivität so verschreckt, dass ich gar nichts sage. Ich seh halt auch nach Opfer aus. Mit mir kann man's ja machen.

»Ich lasse Sie hier aus dem Zug werfen, wenn Sie nicht sofort damit aufhören! Oder ich rufe die Polizei!«, poltert er weiter. Ich setze mich um und ringe mit den Tränen. Ich schäme mich. Ich schäme mich für meine Nägel. Für meine Reaktion. Und für ihn. Was für ein böser, boshafter, schlechter

245

Mensch! Und nein, das fällt nicht unter Notwehrexzess oder Verhältnismäßigkeit. Das ist einfach nur fies. Fies sucks. Motzen sucks. Lasst eure Laune bitte woanders raus! Oder kauft euch wenigstens 'ne Hundeleine. Cheers!

Menschen haben kein Verfallsdatum

Bitte küssen Sie hierzulande niemandem die Hand! Und machen Sie bloß keiner Frau ein Kompliment – es könnte Ihnen als Angriff ausgelegt werden. Aber mit Komplimenten tun wir uns ohnehin schwer. Puh.

Vor zwei Jahren war ich auf der Frankfurter Buchmesse. Frankreich war Gastland und schickte neben 130 Autorinnen und Autoren auch sein berühmtestes enfant terrible nach Deutschland, den Skandalautor Michel Houellebecq. Ich hatte das Vergnügen, mit diesem rauchenden Außenseiter und von Sex und Sexualität besessenen Genie einen Abend zu verbringen, zu reden, zu trinken. Er vermisse eine aufrichtige Pornografie und Erotik in der deutschen Literatur. Damit könnte ich dienen ... sagte oder dachte ich. Ich weiß es nicht mehr, es gab so viel Wein und so viel Worte. Später fragte ich ihn, was er von deutschen Frauen hielte und er antwortete: Ich liebe sie! Sie seien so unprätentiös, authentisch, vielleicht nicht so offensichtlich »Frau« wie die Französinnen.

Am nächsten Tag dachte ich darüber nach: Wie sehen die Deutschen Frauen eigentlich im Vergleich zu anderen Nationen? Ist unser Land wirklich weniger weiblich, weniger verführerisch, weniger offensiv?

Breaking news: Man kann sexy, aber trotzdem schlau sein

In Frankreich wird das Weibliche bewundert – in Deutschland wird es eher unterdrückt. Französinnen können intellektuell und weiblich sein – für Deutsche gibt es ein Entweder-oder, wenn sie ernst genommen werden wollen. Dabei wollen wir doch feminin, aufregend, sexy, begehrenswert und trotzdem schlau sein. Heute mehr denn je! Aber sexy gilt als stumpf, als primitiv – und deswegen haben wir manchmal den Ruf, bieder, brav, unauffällig zu sein. Vielleicht fühlen wir uns damit wohler, weil seriöser.

Wo bleibt das Spielerische, die Verführung? Hierzulande wird schon ein Handkuss als Unterdrückung angesehen – siehe Göring-Eckardt und Kubicki, der sich öffentlich für einen Handkuss entschuldigen musste! Demnächst entschuldigen wir uns dafür, dass wir »Guten Morgen« sagen oder jemandem Blumen mitbringen ... das tun wir ja in Wahrheit nur, um den anderen zu verunsichern oder zu kränken. Welcher Chauvinist bringt einer Frau schon ein Geschenk mit. Unverschämt! Nein, ein Handkuss oder ein Kompliment, eine Verbeugung oder Verneigung sind nicht etwa ein Zeichen von Bewunderung, von Hingabe. Sie sind ein Frauenunterwerfungsinstrument, kurz vor dem Keuschheitsgürtel. Ja, muss denn jede charmante Geste als Beleidigung und Kränkung gedeutet, in jedes Kompliment eine versteckte Botschaft der Frauenfeindlichkeit hineingelesen werden? Sagen Sie bloß keiner, wie schön sie ist – das wird Ihnen schnell als Unterdrückung ausgelegt und Sie reduzieren den armen Menschen auf sein gutes Aussehen. Waren Sie auch schon mal Opfer eines Charme-Angriffs, einer Komplimente-Kanone? Melden Sie sich bei der Hotline für Betroffene: »Hilfe, mir wurde meine Hand geküsst!« Alle regen sich über Shitstorms auf, dabei ist der Nice-Storm mindestens genauso gefürchtet. Lieber Fake News als Real Flirts. Bald hören wir wahrscheinlich ganz auf, einander zu begrüßen – aus Angst, dabei etwas falsch zu machen. Hinter jedem Witz wird ja inzwischen auch ein Zwinkersmiley verschickt, damit wir »bloß nichts falsch verstehen« – Interpretationsspielraum? Zu riskant! Kompliment steht für Komplikationen. Bevor Sie etwas Charmantes tun oder sagen – seien Sie lieber missmutig, freudlos und neutral. Neutral ist ja auch so menschlich – und wer liebt es nicht, sich den ganzen Tag sachlich, emotionslos und angepasst zu verhalten? Haben wir denn so wenig Sozialkompetenz, dass wir den Unterschied zwischen Charme und Belästigung nicht erkennen? Wo hört Romantik auf, und wo fängt Stalking an? Männer, ihr könnt das doch, so schwer ist es doch gar nicht!

In Frankreich sind auch Frauen über 40 noch elegant, sinnlich, verführerisch – in Deutschland haben sie ein Verfallsdatum und sollen am besten Gesundheitsschuhe tragen und wenig Haut zeigen. Menschen haben kein Verfallsdatum! Es soll so viel beachtet werden, es gibt so viele Regeln. Warum eigentlich? Fort mit den Bewertungen, fort mit den Schubladen und Klischees und dem was man tun soll und tun darf, vor allem als Frau. Darf man trinken? Schweinshaxen bestellen? Warum wird es in unserer Gesellschaft immer noch nicht anerkannt, wenn wir genauso gierig sind wie Männer?

Wir Frauen machen es uns schwer

Es gibt einen neuen Weg und es gibt sie, die deutsche Frau, die mit roten Lippen verführt, trotzdem Hermann Hesse liest und über Digitalisierung und Start-ups Vorträge halten kann.

Leider machen wir es uns manchmal selbst so schwer: Neulich bestellte ich einen Prosecco in einer Bar und wurde von der weiblichen (!) Bedienung verächtlich angesehen, noch bevor ich das SECCO nach dem PRO aussprechen konnte. Ich trug roten Lippenstift und offene Haare. »Blondie ...«, sagte sie zu mir, »Sekt und rote Lippen? Manchmal ist weniger mehr!«

Es sind nicht immer Sprüche von Männern, die uns herabwürdigen, kategorisieren, reduzieren. Es sind wir gegen uns selbst.

Vielleicht sollten wir weniger Regeln aufstellen, weniger bewerten. Wir sollten so stark, selbstbewusst, schön, vielseitig, verführerisch sein, wie wir wollen – und wir müssen uns nicht dafür schämen, wenn wir mehr wollen, mehr essen, mehr trinken, mehr sind und uns mehr herausnehmen als unsere Kritiker und Kritikerinnen uns zugestehen.

Wieso Scheitern erst peinlich wird, wenn man versucht, es zu vertuschen

Der wahre Charakter zeigt sich nicht in den eigenen Erfolgen. Sondern darin, wie man mit Niederlagen umgeht. Und oft sind die Methoden, die wir anwenden, um unser Scheitern zu verdecken, viel peinlicher als das Scheitern selbst.

Ich bin häufig uncool. Ich habe dumme Gedanken. Ich stelle mir manchmal beim Joggen vor, wie ich einen Grammy gewinne und eine Dankesrede halte. Dabei habe ich nicht mal eine Band. Und singen tue ich auch mittelmäßig. Ich mache mir Notizen vor privaten Telefonaten, um besonders kluge Dinge zu sagen. Wenn keiner mit mir redet, tue ich so, als ob ich telefonieren würde. Manchmal klingelt dann leider das Telefon. Laut.

Oder ich mache eine Radtour. Mein Rock weht im Wind, ich fühle mich sexy und frei. Dann sehe ich, dass ich eine Zecke in der Wade stecken habe. Da ist ihr Kopf! Und sie steckt mir im Fleisch. Ich schwitze, suche einen Arzt raus, der in der Nähe sein könnte, aber ich bin im Wald und es ist Sonntag! Also fahre ich ziemlich hektisch und nicht mehr besonders sexy oder frei in das nächste Krankenhaus. Das Bein fühlt sich schon ganz taub an! Deswegen kann ich nur noch mit dem anderen Bein in die Pedale treten. Aber ich bin kein Hypochonder! Ich schwör! Ich sitze leidend in der Notaufnahme und fasse mir hektisch an die Stirn. Habe ich schon Fieber? Das Bein lasse ich bloß in Ruhe. Ich will ja die Zecke nicht falsch herum rausziehen und dann womöglich eine Hirnhautentzündung bekommen oder für immer mit einem Insekt im Bein herumlaufen. Außer Schmetterlingen im Bauch habe ich an Kleintieren in meinem Körper kein besonderes Interesse. Auch wenn ich neulich einen sehr netten Mexikaner traf, der mir erzählte, dass er eine Madenzucht betreibe – als Bauer. Andere hätten Kühe auf der Weide, er hätte Maden als Nahrungsmittel. Sehr figurschonend: Viel Proteine, wenig Kohlenhydrate. Made in Mexico.

»Hinter eines Baumes Rinde, ruft die Made nach dem Kinde. Sie ist Witwe, denn der Gatte, den sie hatte, fiel vom Blatte ... Schade.« Ich denke an Heinz Erhardt und google nervös, was man alles von Zeckenbissen bekommen kann. Jedenfalls ist der Mexikaner extra durch Thailand und Myanmar gereist, weil man dort die besten Insekten essen kann. Für eine Tarantel halb um den Erdball. Da denke ich dann an den Dieter. Dieter Rantel. Oder Dietarantel. Dann lieber Nudeln und dick sein, denke ich. Ich fliege ganz sicher nicht für einen Wurm nach Vietnam. Nicht mal in meiner Wurm-und-Drang-Phase. Oder für eine Ameise nach Amerika. Heuschreck lass nach!

Die Zecke wird immer größer. Jedenfalls ist die Stelle an meiner Wade rot. Endlich werde ich aufgerufen. Ich schaue den Arzt besorgt an. Er hebt meine Wade an, untersucht sie, klopft dagegen und zieht dann die Zecke mit Zeigefinger und Daumen aus dem Fleisch. Es tut gar nicht weh. Beinah so, als ob überhaupt nichts in meinem Bein gesteckt hätte. »Das ist keine Zecke. Es handelt sich um einen Kieselstein.« Offenbar bin ich beim Radeln über den Kies mit einem Steinchen kollidiert, das sich an meiner Wade festgesetzt hat. Verzockt und verzeckt. Ich verlasse gesenkten Hauptes das Krankenhaus und versuche, die stöhnenden, blutenden Menschen im Warteraum zu ignorieren, die nun wegen meiner Zecke aka Kieselstein nicht schneller behandelt werden konnten. Anderen fällt ein Stein vom Herzen, mir fällt ein Kieselstein von der Wade. Ich sollte meine Insektenphobie wirklich mal in den Griff bekommen.

Peinlichkeit ist mein zweiter Vorname: Zum Beispiel habe ich in meinem Handy einen Ordner mit – vermeintlich – sexy Selfies. Er heißt »Secret«. Ab und zu fotografiere ich mich. Lasziv. Es sind 1.107 Fotos. Das ist bezeichnend. Bin ich ein Borderliner? Krank? Hoffentlich knackt niemals jemand mein Handy, wenn ich tot bin. Dann werden die Nachrufe oder Schlagzeilen übel ausfallen. »Laura K. (36) aus H. wirkte auf Nachbarn stets freundlich und liebenswert, aber ihre dunkle Seite verbarg sich in ihrem Handy. Ihr krankhafter Hang zum Narzissmus: eine pornografische Ausstellung des eigenen Ich. BILD zeigt Ihnen eine Serie der Abgründe. Auf Seite 3.«

Also gut: Ich bin uncool. Aber wenigstens hab ich keine Hirnhautentzündung. Und außerdem halte ich es mit Harry Rowohlt: »Sagen, was man denkt. Und vorher was gedacht haben.«